"60 岁开始读"科普教育丛书

优雅礼仪美

编　著

童　玲

上海科学技术出版社

复旦大学出版社

图书在版编目（CIP）数据

优雅礼仪美 / 童玲编著；上海科普教育促进中心组编．—上海：上海科学技术出版社：复旦大学出版社，2019.11

（“60 岁开始读”科普教育丛书）

ISBN 978-7-5478-4672-8

Ⅰ.①优… Ⅱ.①童… ②上… Ⅲ.①礼仪－通俗读物 Ⅳ.①K891.26-49

中国版本图书馆 CIP 数据核字（2019）第 237679 号

内容提要

老年朋友退休以后，有了更多的时间和精力来打理自己。本书从服饰搭配、美容化妆、形体管理、优雅社交 4 个方面，通过 40 个常见的小问题，向老年朋友介绍他们希望了解的日常服饰搭配、美容美体、社交礼仪知识，指导老年朋友以一种积极的态度接纳岁月的献礼，展现优雅、健康的老年生活！

优雅礼仪美
童　玲　编著

上海世纪出版（集团）有限公司
上 海 科 学 技 术 出 版 社　出版、发行
（上海钦州南路 71 号　邮政编码 200235　www.sstp.cn）
上海中华商务联合印刷有限公司印刷
开本 889×1194　1/32　印张 4
字数 50 千字
2019 年 11 月第 1 版　2019 年 11 月第 1 次印刷
ISBN 978-7-5478-4672-8/K·34
定价：20.00 元

编　委　会

"60 岁开始读"科普教育丛书

本书编著

童　玲

总　　序

党的十八大提出了“积极发展继续教育，完善终身教育体系，建设学习型社会”的目标要求，十九大报告中再次提出“办好继续教育，加快建设学习型社会”的重大目标，充分说明了终身教育的重要性。近年来，在国家实施科技强国战略、上海建设智慧城市和具有全球影响力科创中心的大背景下，老年科普教育作为终身教育体系的一个重要组成部分，已经成为上海建设学习型城市的迫切需要，也成为更多老年市民了解科学、掌握科学、运用科学、提升生活质量和生命质量的有效途径。

随着上海人口老龄化态势的加速，把科普教育作为提高城市文明程度、促进市民终身发展的手段是很有必要的。但如何通过学习科普知识进一步提高老年市民的科学文化素养，提升老年朋友的生活质量，已成为广大老年教育工作者和科普教育工作者共同关注的课题。为此，上海市学习型社会建设与终身教育促进委员会办公室组织开展了老年科普教育等系列活动，上海科普教育促进中心在这些活动的基础上组织编写了这套“60岁开始读”科普教育丛书。

“60岁开始读”科普教育丛书，是一套适合大多数老年朋友阅读的科普书籍，着眼于提高老年朋友的科学素养、增强健康生活意识、提升健康生活质量。丛书已出版5辑25册，现出版的第6辑共5册，涵盖了最新科技、日常礼仪、家庭园艺、口腔保健、心理健康等方面，内容都是与老年朋友日常生活息息相关的科学新知和生活智慧。

这套丛书提供的科普知识通俗易懂、可操作性强，能让老年朋友在最短的时间内学会并付诸应用，希望借此可以帮助老年朋友从容跟上时代步伐，分享现代科技成果，了解社会科技生活，促进身心健康，享受生活过程，更自主、更独立地成为信息化社会时尚能干的科技达人。

前　言

记得21世纪初上海电视台生活时尚频道推出周播的大型专题片《时髦外婆》，通过采访一些老上海人，展示20世纪上半叶上海的时尚生活，很受关注。我们这本书就借用“时髦外婆”的创意，准备打造新时期的“时髦老人”！

到书店里一查，这方面的书较少，面向老年的生活类图书多侧重在身体健康、医疗保健等方面，专门涉及老年外在容貌形体、内在端庄礼仪的书却很少。实际上，随着社会经济发展和人民生活水平的提高，老年人不仅需要从身体健康出发，同时也有了更高层面的需求——对美的追求，对美好生活的向往。在各方的支持下，本书就应运而生了。

书中主要从服饰搭配、美容化妆、形体管理、优雅社交四方面，通过40个常见的小问题，向老年朋友讲授他们希望了解的知识，通过生动的图片，展现老年朋友优雅、健康的退休生活！

书中引用了一些真实案例来解答老年人关心的问题，在部分章节中以“中纺时尚模特（老年培训）”为蓝本，在他们授权许可的条件下，通过他们的服饰搭配课、形体课、台步课、社交礼仪课，全方位和多角度运用课堂教学的方式来指导老年朋友如何保持年轻的心态，怎样合理规划形体训练，让老年朋友以一种积极的态度接纳岁月的献礼，让自己的生活更美好！

童　玲

目　录

一　服饰搭配

1. 如何选择衣服颜色 …… 2
2. 如何选择衣服款式 …… 3
3. 根据体形选择服装 …… 6
4. 根据肤色选择服装 …… 9
5. 丝巾、披肩对服装搭配有何妙用 …… 11
6. 正确选择佩戴的帽子 …… 12
7. 如何根据脸型选购眼镜 …… 15
8. 用项链、耳环、戒指巧妙搭配服装 …… 18
9. 正确选择随身携带的包包 …… 20
10. 巧用领带和领结 …… 23
11. 老年人一定要选对鞋子 …… 26

二　美容化妆

12. 老年人平日可以做哪些皮肤护理 …… 30
13. 如何预防和去除老年斑 …… 32
14. 哪些护肤品比较适合老年人 …… 33

15. 养发护发有哪些方法 ……………………………………35
16. 推荐老年女性朋友化些淡妆 ……………………………37
17. 老年人夏季要注意防晒 …………………………………39
18. 如何选择适合自己的发型 ………………………………41
19. 老年人染发注意事项 ……………………………………44

三 形体管理

20. 合理锻炼很重要 …………………………………………48
21. 推荐老年朋友做瑜伽 ……………………………………51
22. 老年人的运动注意事项 …………………………………55
23. 老年人如何进行肩颈部锻炼 ……………………………57
24. 老年人如何进行腿部锻炼 ………………………………60
25. 老年人如何进行腰腹部锻炼 ……………………………63
26. 音乐是老年生活的一剂“良药”…………………………64
27. 时装表演让你更自信 ……………………………………66

四 优雅社交

28. 老年人更要注意个人仪态 ………………………………70
29. 家庭礼仪注意事项 ………………………………………73

30. 中餐就餐礼仪 ……………………………………………………76
31. 西餐就餐礼仪 ……………………………………………………81
32. 做客与待客的礼仪 ………………………………………………85
33. 参加婚宴的礼仪 …………………………………………………88
34. 饮茶的礼仪 ………………………………………………………92
35. 喝咖啡的礼仪 ……………………………………………………95
36. 交友礼仪 …………………………………………………………97
37. 邻里相处礼仪 …………………………………………………101
38. 公共场合礼仪 …………………………………………………105
39. 出国出境旅游观光要遵守哪些礼仪 …………………………109
40. 乘车行路时要遵守哪些交通礼仪 ……………………………113

一

服饰搭配

1.如何选择衣服颜色

老年朋友都知道，服饰的美，并非在于颜色的多少，关键在于搭配得体，全身色调保持一致，取得和谐的整体效果，并适合年龄、身份、季节及所处环境的风俗习惯，正所谓“色不在多，和谐则美”！

正确的配色方法，应该是选择一两个系列的颜色，以此为主色调，占据服饰的大面积，其他少量的颜色为辅，作为对比、衬托或用来点缀装饰重点部位，如衣领、腰带、丝巾等，以取得多样统一的和谐效果。

（1）尽量不要选择紫色，因为紫色是黄色的互补色，会把皮肤衬得更黄。

（2）老年朋友也应该少穿灰色等暗色调的服装。如果一定要选择灰色等暗色调的服装，建议女性朋友可以搭配色彩明快的丝巾等配饰，从整体上提升精气神儿；男性朋友如果选择灰色等暗色调的外套，可以尝试在衬衫、T恤上采用色彩略微鲜艳的配色。例如，通过选择酒红色的T恤衫、墨绿色的衬衫等，来平衡整体的色调、打破沉闷。

（3）老年朋友可以尝试浅蓝色、粉色等一系列暖色调的颜色。暖色调会让人感觉亲切温暖，与老年人的气质相得益彰。例如，对于上轻下重的体形，宜选用深色、轻软的面料做成裙或裤，以此来削弱下肢的粗壮；身材高大丰满的女性，在选择搭配外衣时，亦适合用深色。

（4）老年人切记不要选择颜色过于亮丽（荧光色）的服饰，一是会让自己显得不稳重，不符合老年人优雅的气质；二是颜色过于鲜艳，会衬托脸色比较暗沉。

特别提醒

有些老年朋友认为色彩堆砌越多、越“丰富多彩”越好，经常集五色于一身，遍体罗绮，镶金挂银，其实效果并不好。在日常生活中，我们常看到黑、白、灰与其他颜色的搭配。黑、白、灰为无色系，所以，无论它们与哪种颜色搭配，都不会出现大的问题。

2. 如何选择衣服款式

在现代社会，服装是展示身份、生活态度、个人魅力的表现。不仅是年轻人，更多的老年朋友也意识到服装款式的重要性，他们更加放松自己，脱下中规中矩的老年服装，换上有个人特色的服装，如运动装、旗袍、休闲西装等，都可以成为老年朋友的日常选择。

在服装款式越来越新颖的今天，老年朋友如何为自己选择合适的服装款式呢？下面几个建议供参考。

首先是廓形。通常指衣服的外形框架。并不是所有的廓形都适合老年人，如紧身型的、超短型的、造型夸张的都不适合。老年人上了年纪，体态上大多会有些发福，也不如年轻人紧实，所以在选择款式的时候尽量避免过紧的服装，一不美观，二不舒适。可选择宽松型（合体形）、直身型、A 廓形的服饰。下面来看两张图片。

上页左图中直身型的旗袍就很符合这位老年朋友知性儒雅的气质。直身型并不是完全贴合身体的直线型，它有一些松量存在于身体，有活动的空间量。因为老年人穿衣服最重要的还是舒适性，需要有一定的活动量，所以老年朋友在选择直线型的款式时，可以略微选大一些。上页右图中，在直身型的服装外面还可以添加一些大廓形（如A廓形）的外套，如披肩、风衣等。这样的搭配不会显得臃肿，而且有层次感，方便穿脱。

其次是流行元素。老年朋友可以根据自身特点，在服装中选择当季流行的颜色、流行的图案。例如，近几年流行的橘色系，皮肤白的老年朋友就可以大胆地选择，可提亮肤色，彰显年轻；又如，前几年流行的豹纹图案，老年朋友如果觉得太新潮，可以在丝巾、披肩上选择豹纹图案略加修饰，一样可以穿出时尚感。越来越多的老年朋友和年轻人一样，爱上活力四射的运动装。酒红色双肩背包、米色贝雷帽等一些时尚单品，老年朋友可以大胆地用在运动装中，会给普通的运动装带来活泼感。亮丽的POLO衫、浅色的裤子搭配米色的渔夫帽，时尚大方又不失稳重，是老年朋友出游服装搭配的首选。

把握好服装款式的几个基本要素，结合自身的特点，了解流行趋势，老年朋友一样可以穿出美丽，穿出时尚。

3. 根据体形选择服装

随着年龄的增长、岁月的磨炼，老年朋友的身体可能没有年轻时那样紧实、挺拔，逐渐会在原有体形的基础上演变成梨形身材（A形）、沙漏形身材（X形）、苹果形身材（O形）和矩形身材（H形）等。这些都没有关系，只要能够根据自己的体形选择正确的服装，扬长避短，一样可以穿出美丽。

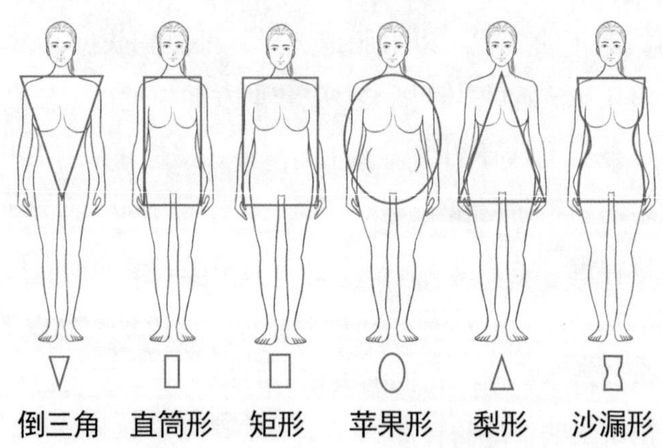

下面来谈一谈如何选择适合这几种体形的服装。

（1）梨形身材（A形）：这种体形如果要发胖，主要集中在腰腹部与大腿。选择服装的时候，可以把视线引到腰部以上，上身采用颜色比较鲜艳的、图案比较大的（如几何图案、条纹图案等）服装，会显得苗条；下身可选用线条柔和、质地厚薄均匀、色彩纯实偏深的长裙或长裤，上下身服饰色彩反差不宜过小，并扎上一条窄的皮带，这样就能避免别人视线下移，造成视觉体形上匀。或者下身选用较暗、单一色调（如深蓝色长裙），配以色彩明亮、鲜艳的有膨胀感的上衣（如亮色上衣），就能达到收缩臀部而扩大胸部的视错效果，再加上领线处可挂大饰物以转移视线，就会显得体形优美丰满。

（2）沙漏形身材（X 形）：这种体形原本就比较标准，如果发胖，也是全身均匀长胖，不会某一部分胖得特别夸张。由于匀称的体形是标准的体形，这样的人体曲线优美，无论穿哪种款式、颜色的服饰都恰到好处。即使穿上最时新、最大胆的时装，也能显得不出格。但老年朋友还是不建议穿过于紧身、颜色过于亮丽的荧光色，应该选择款式比较合体、宽松、色彩优雅的服装较好。

（3）苹果形（O 形）和矩形身材（H 形）：这两种体形可以放在一起，它们都属于腰部曲线不太明显的体形。如果发胖，胸围、腰围、臀围横向宽度都加大，因而服饰长度也应该随之增加，着装可以通过颈围、臀部和下摆线上的色彩细节来转移对腰线的注意力（下页左图）。同时，也可采用色彩对比较强的纵向条纹的衣裙，配以深色宽皮带（下页右图），由对比强烈的纵向

线条造成的视觉差与深色的宽皮带造成的凝聚感，能消除没有腰身的感觉，从而给人以洒脱轻盈之感。这两类身材需要藏住腰部的肉，最忌讳的是紧身衣裙，或者穿宽松的衣裙也能有效地藏起肚子上的肉。当然也不要选择大廓形外套，这样看上去会更加“庞大”。

老年朋友只要认清自己是属于哪种体形，选对适合自己的服饰，一样可以穿出美丽优雅。

4. 根据肤色选择服装

国人的肤色有黄偏红、黄偏黑、小麦色、黑偏黄，还有白皙色等，肤色大致可为偏黑型、偏白型、偏黄型3类。每个人的肤色都不一样，每款衣服的颜色也都不一样。平常选购服装时，要找到适合自己的颜色。人的皮肤是有基础色的，颜色也有基础色，所以，找出适合自己的基础色，再选择衣服的颜色范围就缩小很多，就容易很多。

说起皮肤的颜色，当然是白皙的皮肤最好搭配，什么颜色的衣服都能穿出美感，适合的颜色最广。这是幸运的肤色，对衣服的颜色可以“通吃”。如果非要排出座次，首先选择黄色系与蓝色系，柠檬黄、天蓝等明亮的颜色都可选。

其次是偏黄的皮肤。这种颜色的皮肤比较普遍。选购衣服首先应选蓝色系的服装，如紫蓝、淡蓝等颜色。与其他的颜色相比，这些颜色更能衬托偏黄色的皮肤优势。颜色偏暗的彩色应尽量避免，而且要避免黄色、咖啡色、杏色等相近色，因为这些颜色会使人看上去更显暗黄。

还有一种深褐色的肤色，这种较深的肤色适合茶褐色系来搭配，让这个肤色的人体现出个性，整体靓丽起来。还有金黄、枣红、咖啡、墨绿等颜色可供选择。酒红和藏蓝属于明度比较低的颜色，更适用于皮肤偏黑的人群。这并不是绝对，但应尽量避免彩色面料里纯度、明度比较高的服装。

小麦色也是一种很有魅力的肤色，一般把这种肤色称作健康的小麦色，给人活泼大气的感觉。在服色的选择上，不妨先试一下黑白配，不出意外地会和这个肤色特别合拍。还有深蓝和炭灰也是不错的选择，其他像桃红、翠绿、深红等颜色也很好。

上面这些介绍，需要具体关注穿着效果。任何事情都不是绝对的，具体情况要具体分析。

特别提醒

了解自己的肤色属性，了解自己属于哪种基色的皮肤，才能明晰自己的用色范围，穿对属于自己的颜色，让自己的选择清晰起来！说到用色，无外乎就是明度（深浅）、纯度（艳柔）和冷暖 3 个要素，确定了这 3 个要素，服色范围就很清晰了。带着基本的选择方向，可以做出较多的尝试，然后圈定自己的范围，为以后自己的选择打好基础。

5. 丝巾、披肩对服装搭配有何妙用

老年朋友在服装的搭配上要大胆一些，可以使用丝巾、披肩等作为装饰，提升自己的气质。对于小饰品的选择遵循搭配原则，要多去尝试，相信每一位老年朋友都可以穿出自己的独特风格，展现自己的魅力。

（1）丝巾：丝巾是服装衣饰的一个重要组成部分，它可以使面部色彩与服装色彩和谐统一，使服装更富于变化和美感。不同色彩、质地的围巾装扮效果截然不同，选择余地也比较大，从柔软飘逸的丝绸、麻纱，到品目繁多的羊毛、羊绒，直至华丽的皮草，都可以为服装带来意想不到的装饰效果。下面来谈谈丝巾的妙搭。

老年朋友可以在颈部用丝巾来装饰。在颈部系出各种花样是丝巾最常见的用法。每个人适用什么样的系法，主要考虑不同的场合与颈部的个人特征。一般来说，在公务场合易简单、紧凑，不宜系出过于夸张与繁琐的样式，丝巾尺寸宜小；在社交场合，丝巾的系法可以夸张、大气、艳丽。如果颈部过短，应系简单的款式，丝巾的尺寸宜小、不宜大；如果颈部较长，就适合使用丝巾作为装饰物，各种漂亮的系法以及丰富的色彩可以弥补颈部过长的特点，让单薄的颈部饱满充盈，同时还可以遮挡老年人颈部的松弛皱纹。

长条形丝巾可以有很多种系法。

1）放在大领子上衣内侧，起到遮挡装饰的作用。如果有适合的胸针，可以和丝巾一起搭配服装。

2）放在衣服的外面，一边斜搭在一侧肩上，另一边自然地飘落在胸前。

3）在胸前打一个十字结，两边的飘带自然地散落在胸前。

4）在颈部可以打个链形结。左右两边在脖子处正面交叉两次，然后绕到后面打一个平结，最后整理一下形状即可。

（2）披肩：披肩多是围绕脖子一周后佩戴在肩上。披肩的形式多为“四合如意”形，也有条带状，多是干净利落的造型和考究的材质，如小洋装中的半披肩和羊绒质地的大披肩。羊绒质地的披肩给人雍容华贵的感觉，搭配旗袍或小礼服都是不错的选择，可以在正式宴会场合穿着。

6. 正确选择佩戴的帽子

帽子是服饰搭配最常用的饰品之一。选择一款合适的帽子，可以立刻改变人的风姿，尤其是对老年朋友来说，帽子不仅可以

保暖御寒、遮挡阳光，同时可以装扮服饰，给整体造型加分。那么，如何挑选一顶适合自己的帽子呢？

首先，帽子的颜色尤为重要。帽子的颜色和服装的色彩要统一。帽子的颜色可以是服装颜色中的一种，这种搭配最为保险、不会出错。如果觉得太过单一，可以在帽子上加一些点缀，如可以在帽子边缘系上对比色的丝带，这样既可以改变过于协调的状态，又可以增加一些与服装色的呼应。帽子还可以与配饰的颜色相呼应，可以与包、鞋、手套的色彩一致。当然，如果想大胆一些，可以选用与服装、配饰的对比色，搭配得当的话会非常出彩。

其次，帽子的帽型非常重要。什么样的帽型适合自己呢？关键是要依据脸型。例如，长脸型的人尽量避免选择过高筒身的帽子，可以考虑横向较宽的帽子，这样可以削弱脸部过长的特征，看起来比较柔美；方脸型的人脸部线条比较硬朗，可以选择线条起伏较多的帽子，如贝雷帽、牛仔帽等，让其在刚毅中见妩媚；圆脸型的人可以选择略高的帽子，如直线型、筒型帽子或者帽顶较为宽松的八角帽。

最后，不同体形的人选择帽子也不同。体形与帽子是整体与局部的关系。例如，有的人头部与整体相比较，头部显得略小，在选择帽子的时候，应尽量挑选帽檐比较夸大的帽子来平衡整体造型；有的人头部与整体相比较，头部显得略大，在选择帽子的时候，应尽量挑选款式简单的帽子。

当然，老年朋友在挑选帽子的时候，舒适保暖是最重要的考虑因素。帽子的材质尽量选择天然面料，夏季戴着舒适透气，冬季戴着能够保暖。

特别提醒

棒球帽，听名字就知道它与棒球这项运动相关，相信大家再熟悉不过。在日常生活中棒球帽很常见。老年人平日里以休闲装为主，棒球帽是最佳的选择。尤其老年朋友戴一顶帽子，既可以平衡脑型不正，又可以有效遮挡头发少的事实。对于男性来说，如果必买一顶帽子的话，棒球帽可以说是首选。

7. 如何根据脸型选购眼镜

人们戴眼镜，一般是为了矫正视力和保护眼睛，同时还可以强调着装的整体风格。而戴墨镜除了保护眼睛，还能展示个性美。选择眼镜，脸型是首先考虑的要点，眼镜可以成为修正、衬托脸型的法宝。那么，老年朋友如何根据自己的脸型，挑选适合自己的眼镜？

人的脸型最常见的有 7 种，分别为长方形（长圆形）、方形、圆形、正三角形（梨形）、倒三角形（心形）、菱形和椭圆形。无论有多少种脸型，线条都可以分为直线型与曲线型两类。其中，长方形、方形、正三角形、倒三角形、菱形为直线型，长圆形、圆形、梨形、椭圆形为曲线型。

从形状上分析，上述 7 种脸型是有规律可循的，方形、圆形、椭圆形这几种脸型的最大特点，是脸型的长宽结构比例可塑性比较强，因此对眼镜的驾驭范围比较广，可以根据个人的喜好、心情和流行趋势不断尝试新的款式。我们把这一类脸型称为自由型。当然，这种规律不是绝对化的，主要考量的是个人对自己脸型的认可度。如果满意自己的脸型，完全可以按照自由型脸型来处理，经过多方尝试，自然就会找到适合自己的眼镜，因为外在的美丽，无时无刻不与个人的内心自我认知度息息相关。

方形与圆形脸型的线条截然不同，却有相似之处，它们的共同特点是脸部长与宽的比例达不到 1∶0.168 这个比例，而是接近 1∶1，脸部略宽。如果自己喜欢这种脸型，方形脸就可以选择方方正正的镜片，圆形脸就可以选择圆形或者椭圆形的镜片；如果对自己的这种脸型不够满意，则可以拉长脸型为目标，圆形脸可以通过流线型的扁长方形镜片进行修正，方形脸可以通过直线条的扁长形或者长椭圆形镜片进行修正，同时注意镜框尽可能窄一些，且与脸部同宽。

如果是椭圆形这种脸型，首先要恭喜你，基本上曲线条的每一种造型的镜框，戴起来效果都不错，在眼镜的形状选择上需要操心的地方不多，只需要考虑眼镜的色彩与风格就可以。

倒三角形脸型、心形脸型较为接近，但心形是曲线型，倒三角形是直线型。这两种脸型的特点是额头较宽，下颌骨比较窄。如果是这两种脸型，并且对自己的下颌骨不太满意，就尽量不要选择镜框上缘比下缘宽的眼镜，以防止强化过窄的下颌。

长方形脸型、长圆形脸型接近，但长方形是直线型，长圆形是曲线型。这两种脸型的特点是脸比较长，选择与脸型相异互补的、既有宽度又有长度的眼镜最合适，忌讳挑选与脸型相似的镜片，如偏窄或者细长形的眼镜。另外，夸张、大气加上略粗的镜框，这类脸型也可以驾驭，但需要注意的是，眼镜不能太窄，否则会显得脸部更长。

正三角形脸型、梨形脸型接近，但正三角形是直线型，梨形是曲线型。这两种脸型的特点是额头较窄，下颌骨的宽度比颧骨宽。这种脸型的人应根据自身特点，选择能够增加额部宽度的眼镜。最佳选择是半框架眼镜，如果眼镜再配上各种装饰或者采用别致一点的颜色，也易于把别人的目光吸引到额部，起到平衡下颌过宽的作用。

菱形脸型应该选择直线条镜框。对于这种有棱角的脸型，多角且夸张的镜片以及长方形的镜框比较适合，一来可以缓和上额与下颌窄（上下窄）、颧骨宽（中间宽）的状况；二来可以通过奇异的眼镜形状吸引别人的注意。此外，这种脸型与倒三角脸型非常相似，唯一不同之处是菱形脸没有倒三角形脸宽宽的前额。菱形脸如果用厚厚的刘海挡住前额，就被修正为倒三角形脸，眼镜的选择方法与倒三角形（心形）脸型就比较相似。

特别提醒

需要指出的是，根据脸型选择眼镜固然重要，但是也不可以绝对化。在很多时候，脸型缺陷有多种方法可以弥补，如长脸的人可以通过发型、化妆、衣服款式来修饰。所以，在考虑局部调整的同时，还要考虑整体的效果。

8.用项链、耳环、戒指巧妙搭配服装

服饰是人体装饰物品的总称，项链、耳环、戒指等统称为配饰。现实生活中，许多老年朋友在衣着打扮上精心选择服装的配色、款式和面料，但对于所佩戴的配饰要么忽略，要么一味追求华贵、艳丽，致使配饰与服装搭配不当，色调也不协调，不能形成统一的风格，破坏了服饰的整体美。所以，巧妙地使用配饰是着装美学中不能忽视的点睛之笔。下面就详细介绍如何使用配饰中常用的项链、耳环和戒指。

（1）项链：是一种佩戴在颈部的装饰品。颈部是人体目光的集中点，也是人体上最易于装饰的部位。项链主要分为短项链、多串组合项链、挂坠项链等。老年朋友可以选择佩戴粗一些的项链，除了可以装饰体态美，更有雍容华贵的感觉。但短项链看起来脖子较粗、脸较宽。如果老年朋友脖子细长，可佩带多串组合项链来达到平衡。方脸、脖子短的老年朋友可以佩戴细长的项链，搭配领口大一点、低一点的上衣，使脖子充分暴露出来，让脖子看起来纤细修长。脸比较圆、微胖的老年朋友不要佩戴贴颈式的项链，也不要选择链子太粗、款式太复杂的项链，会给人一种很紧的感觉，同时要避免用圆形、扇形的吊坠（这样会让脸部线条看起来更圆），应该选择长款项链V形装饰，拉长脸部

线条，最佳长度是在锁骨到胸部旁边，项链长度至少超过 53 厘米，可以让颈部更美。右图中古典的旗袍搭配短项链，会让气质加分，显得优雅知性。

（2）**耳环**：用来装饰耳部，以美观为主要目的。在各种首饰中，耳环离脸部最近，不仅能够调整脸型，还可以突出脸部。耳环的款式大致分为 3 类：一种是耳钉，它如纽扣一般，造型各异，小巧别致，在发髻中若隐若现；一种是悬垂型的耳环，它形状较长，随着人的头部动作自由摆动；还有一种是直接戴在耳朵上的环形耳环，体积小的环形耳环小巧精致，别有一番味道；体积大的环形耳环个性突出，具有艺术性和夸张感。耳环的材质多种多样，一般来讲，老年朋友在佩戴耳环时更加看中材质，较多选择质地优良的翡翠、玛瑙、珍珠等。老年朋友不建议佩戴过长的耳环，会显得拖拉。要时刻记住“得体”二字：在社交场合，款式夸张、大气、华丽的耳环可以为自己的服饰锦上添花；平日则尽可能选择干净利落的耳环，休闲自在。

（3）**戒指**：又称“指环”或“戒止”，材料有黄金、铂金、银、宝石、孔雀石等。老年朋友主要是根据手指的长短与手指的粗细来选择适合的戒指。一般来说，手指骨骼粗的人适合选择大的、有棱角的戒指；手指骨骼细的人适合选择小的、线条柔和的戒指。老年朋友选择宝石类的戒指，既有装饰效果，又彰显气质。感兴趣的老年朋友可以试试看。

随着社会的进步，很多配饰的功能逐渐从实用性向装饰性转变。希望老年朋友学会挑选适合的配饰，为自己的服饰造型锦上添花！

9. 正确选择随身携带的包包

在所有的配饰中，包是实用性最强且功能性最多的。对于女性，包中可以放置较多的所需物品，意义非同寻常。俗话说："男人看表，女人看包。"时装往往需要苗条的体形才能穿出优美的线条，包却不同，它能带给爱美之人自信心、实用性、身份象征和安全感。

首先要根据场合选择包。老年朋友常去的场合为休闲和社交场合，这两个场合携带的包风格完全不同。休闲场合选择编织包、布包等舒适的包，这类包的特点是大小各异、曲线材质柔软、环保自然。社交场合一般以时装包、晚装包为主，特点是精美、小巧、别致，手包减少了肩带设计，为造型增添了优雅韵味。优雅的套装配合晚装包，知性又大方，是出席正式社交场合的首选搭配。

其次，在选择包的时候，不同风格的人要相应地选择适合自己风格的包，否则就会出现不协调的现象。如果是特别优雅、女人味很浓的人，适合皮质柔软、细带、曲线造型、小巧、有点缀、时尚、精致的包；如果是中性简约的人，适合简洁大方、以直线为主、单带的长挎包；如果是传统自然型的人，适合质地柔软的挎包、各类编织包和布艺包。

最后，在选择包的时候，还应该注意包与服饰搭配的三大原则。

1）呼应原则：高水平的搭配效果建立在呼应和关联的基础上，而饰品是建立这种呼应点的关键。建立呼应关系，可以表现在色彩和质地上，让人一看就很和谐。同时，要考虑包与身高的呼应。宽大型的包正流行，但如何选择也要根据身高而定，才不显得累赘。总的来说，肩带可调节的款式对于小个子比较友好；如果想选择容量较大的包，也建议以手提款式为主。

2）主次原则：选择包时，还要注意包与服装之间的主次关系。有时候包起到绿叶的作用，衬托服装这朵红花；如果服装色彩较多、较艳丽，这时单色的包能起到间隔的作用。有时服装与包的角色可以互换，如服装为素色，而包可以艳丽一些。

3）强调原则：有时所背的包颜色艳丽，价格昂贵，品质突出，全身上下着装的重点可以放在包上，这也是包能够凸显身份的原因。

老年朋友选择包时最重要的还是实用方便，然后再根据出席的场合、服装的搭配及自身的气质来选择适合自己的包。

特别提醒

男士在选择包时，通常以商务为主。首选牛皮质地，牛皮结实耐用，时间越长，韵味越足。皮革在人们心中主要是高贵、稳重、成熟的感觉，皮包里面加绒，绒毛非常细密，手感柔顺光滑，对电脑能够起到很好的保护作用。

10. 巧用领带和领结

领带和领结作为男士正装不可缺少的单品，在男士穿搭时尤为重要。

领带的尺寸是一个审美的和谐问题，永远要与衬衫的领子和上衣的翻领成正比例。一般来说，领带的宽度是 8.5 ~ 9 厘米，这个宽度可以系出一个中小体积的领带结。领带的总长度 130 ~ 150 厘米，在打好之后足以使大边刚好重叠在裤带上面，标准长度以到皮带扣处为宜，过长过短都不适合。

传统蝴蝶结领带宽度多为 5 ~ 6 厘米，或者是水滴型的 8 厘米，都具有特别的两端。在任何情况下，为了有适当的比例，小领结（蝴蝶结领带）在高度上不应该超越衬衫领子的两个尖角。

选择领带的时候，领带的宽窄、长短要适合自身的体形。身材高大的男性，建议选择宽一些、长一些的领带；身材矮小的男士，可以选择略细一些的领带，这样显得比较精神。当然，老年朋友在选择领带时除了宽窄、长短之外，还要考虑配色，在正式场合佩戴的领带颜色不要多于 3 种。

领带是与西装相搭配的。黑色西服采用银灰色、蓝色或红白相间的斜条领带，显得庄重大方，沉着稳健；暗蓝色西服，采用蓝色、深玫瑰色、橙黄色、褐色领带，显得淳朴大方、素净高雅；

乳白色西服，采用红色或褐色领带，显得十分文雅、光彩夺目；中灰色西服，配系砖红色、绿色、黄色领带，自有一番情趣；米色西服采用海蓝色、褐色领带，风度翩翩。

常用的领带打法图解如下。

1）平结：为男士选用最多的领带打法，几乎适用于各种材质的领带。打好的要诀是领带下方形成的凹洞需让两边均匀且对称。

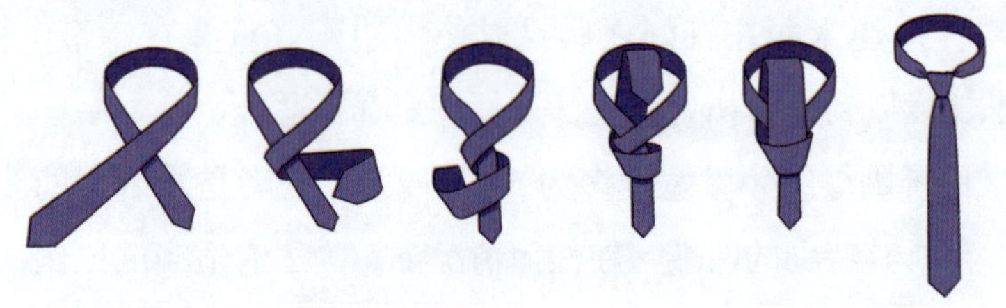

2）双环结：一条质地细致的领带再搭配上双环结，颇能营造时尚感。完成后的特色就是第一圈会稍露出于第二圈之外。

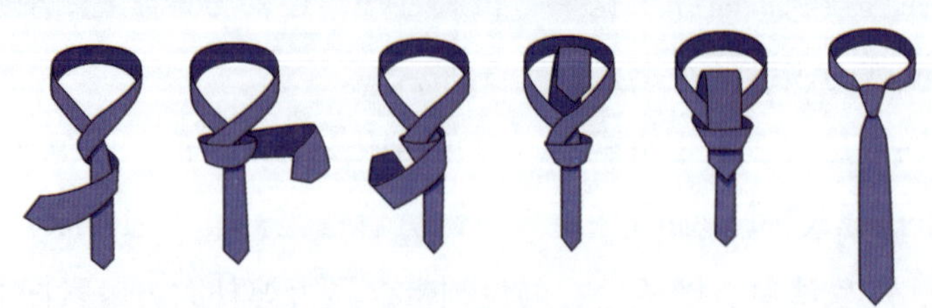

3）双交叉结：双交叉结容易让人有高雅且隆重的感觉，适合正式场合选用。应多选用素色、丝质领带，若搭配大翻领的衬衫，不但适合且有尊贵感。

4）交叉结：对于单色、素雅、质料较薄的领带非常适合，能够充分展现流行感。

特别提醒

领带广义上包括领结。领结是由一条布料制成的丝带，对称地系结在衣领上，使两面的结各形成环状。在正式场合的晚宴中，需要佩带领结，但并不一定是黑色的。在流行文化中，领结有时被视为有内涵的象征。领结通常与较隆重的衣着（如西装或礼服）一起穿着。白领结一般用于配穿燕尾服，小黑领花则用于配穿小礼服及其他礼服。

11. 老年人一定要选对鞋子

一双好的鞋子对老年朋友是非常重要的。选用不合脚的鞋子或者有瑕疵的鞋子，会带来一些脚部疾病，如蹈外翻、趾甲内陷、跟腱黏液囊炎、跟腱炎等。如果老年朋友有糖尿病，那更要注意。因此，选择鞋子最重要的是舒适、合脚，功能性要超过时装性。

选鞋的时候分为两个步骤：一是通过看和摸来分辨鞋子的好坏，二是通过试穿来确认是否合脚。

在试鞋之前首先观察鞋子的外形，用手触摸鞋子各个部位来判定鞋子的好坏。注意观察鞋子各部分之间的连接，鞋底和鞋面要对齐，接口处不要留有缝隙，也不要歪斜。还要仔细观察鞋子的鞋跟、鞋尖和足弓曲线部位的状态，以及这些部位的连接状况。用手触摸鞋底处和脚底直接接触的内衬垫和内底的加工质量，要避免鞋子内侧有褶皱和凹凸不平。用手指压一压鞋的包头部分，检测其反弹性和皮革的厚度。皮革较厚时，鞋尖不容易发生凹陷，要选择具有一定弹力的鞋子。检查鞋底的弯曲状况，检查鞋子弯曲的地方是否与自己的脚趾根部一致。另外，弯曲之后有恢复力的鞋子是质量比较好的鞋子。

其次是试穿鞋子。脚的大小和形状并不是左右对称的，在试鞋时不要只试一只鞋，而是要两只脚一起试。穿上鞋子之后，不要站着不动，而要做出各种姿势来检查鞋子是否合脚，这是由于脚的大小和形状在人坐着、站立和行走时都不一样。在鞋店试鞋的时候，还要注意地面问题，尽量避开地毯、地板，选择踩在坚硬的地面上试穿比较好。

老年朋友如何选择鞋号呢？在挑选鞋子大小之前，首先要了解人的脚在早晨和傍晚的大小是不同的，尽量在傍晚以后选鞋的大小。另外，室温也经常影响脚的大小，要注意选择室温与主要使用鞋子的场所相近的鞋店。还有，在生病之后脚通常有变小的情况。在试穿鞋子的时候，确认鞋子对脚的受力部位的坚固程度是否合适，特别要注意大脚趾的趾甲是否碰到鞋的包头。确认脚跟能否被鞋子牢牢地保护起来，鞋底的弯曲状况与脚的弯曲状况是否紧密一致，不应该有太多的空间。同时，确认脚趾与鞋底是否紧密接触，不能让脚趾浮空；确认足弓与鞋子的足弓部位紧靠在一起；在脚尖前面有 1 ~ 1.5 厘米的空间，脚趾在鞋子内能够活动，如果脚趾被压得过紧、无法活动，就不是一双好鞋子，脚趾在鞋内有恰好能抓起来东西的感觉才是好鞋子。

特别提醒

运动休闲鞋是推荐老年朋友购买的鞋类。首先是轻便好穿；其次近年来许多品牌的运动鞋在功能上有了较大提升，减震、气垫、透气等设计，对老年人的健康有极好的帮助；在款式造型上，运动鞋的设计也越来越时尚，可以为老年朋友带来年轻的感觉。

二

美容化妆

12. 老年人平日可以做哪些皮肤护理

大多数老年人皮肤会发干，甚至发生老年性干燥症。干燥症的表现是皮肤呈鳞屑状，手掌、足底褶皱加重。皮肤干燥导致发痒、鳞状脱皮、裂纹，使得细菌易于侵入而发生感染。皮肤干痒可以是局部的或全身性的，可能会影响睡眠，因抓搔会进一步加重皮肤破损而出现感染的可能。在冬季、有暖气加热的室内、湿度较低的地区，皮肤干燥情况更严重。

皮肤干痒可以通过每周洗温水澡不超过 3 次，并减少在腋窝、腹股沟、头皮和足底使用肥皂的次数来预防。有规律地使用润肤剂，也可以有效预防皮肤的干燥。润肤剂（如石蜡油、乳木果油、可可油）以霜或膏的形式，在皮肤湿润时即可使用。也可以使用乳液，但因为乳液的成分主要是水分，蒸发快，保湿效果不好。使用加湿器可帮助预防皮肤干燥发生。泡温水浴（不要用热水）后涂抹石蜡油或脲基润滑脂是最好的水化皮肤的方法，可帮助结合角质层的水分。皮肤的鳞屑化可以通过使用包含 AHA 果酸（α 羟基酸）或乳酸的产品得到控制。

人的皮肤会呼吸，也有分泌物。当人处于睡眠状态时，正是皮肤进行修复的好时候。因此，睡前一定要将脸部清洗干净。另外，由于化妆只是对脸部做弥补和修饰，要想使自己更加完美，

日常一定要使用适合自己肤质的较好的环保型护肤品。

每天洗脸是每个人必做的事情，洗脸最主要的目的是让面部更洁净，让肌肤更光滑、细腻。合适的水温是 18 ~ 30℃，洗脸时常使用的洗面奶可以去除皮肤里的灰尘，减少黑头、毛孔被堵塞的现象出现。对于经常化妆的女性来说，必须使用专门祛除彩妆的卸妆油、卸妆水等，才能彻底清洁肌肤。

老年朋友在早晚洗脸后还可经常按摩面部皮肤，正确的按摩能促进血液循环，加快皮肤新陈代谢，进而增加皮肤的光润度。

良好的生活习惯，对老年朋友保养皮肤有好处。平时不抽烟，少喝酒，少喝浓茶、咖啡，少吃辛辣食物，多吃水果。在日常起居方面要注意保证足够的睡眠，尽量少熬夜，长期睡眠不足会令皮肤容易老化。此外，皮肤干燥或粗糙的老年朋友在秋冬时节注意居室要保持一定湿度，日常尽量少穿有刺激性的衣物（如某些化纤类的衣物），以免刺激皮肤、增加不适。

特别提醒

完整而健康的皮肤是防御感染和外界环境创伤的第一道防线。当人步入老年，皮肤变得更薄、更干、更脆。这些改变使皮肤更易发生损伤和感染，所以要重视老年人的皮肤护理。

13.如何预防和去除老年斑

老年斑的全称为“老年性色素斑”或“脂褐质色素斑”，是指老年人皮肤上出现的黑色素斑块，多为较大斑点，不规则，分布呈不对称性，范围一般较黄褐斑小，多长在面部边缘部位和手背，与健康组织有明显界限。皮肤功能逐渐衰退、自由基排泄能力降低、内分泌紊乱、内脏功能减弱、血液循环不良及长期受日光照射是其形成的原因。不少人在50岁后就开始长斑，年龄越大，斑块越重。

有人把老年斑称为“长寿斑”，这是一个误区。老年斑实际上就是坏死细胞残骸的堆积，反映细胞衰退增多和代谢清除能力减慢。老年斑不只损害皮肤，还可沉积于心、肝、肾、脑等器官与组织中，这种脂褐质色素是细胞氧化后的产物，一旦聚集过多便影响脏器功能，使人渐趋衰老。因此，老年斑传递内脏老化的信息，也是人体衰老的形态学标志。

老年朋友不要等长了斑后再想去除的方法，要在没有长斑之前做好预防。平时应减少脂肪摄入量，如不食油炸食品、不吃肥肉、少吃猪肉等；注意精神因素影响，保持心情舒畅，减缓衰老发生；面部肌肉多活动，在进餐时应细嚼慢咽，改善面部血液循环和皮肤代谢；经常使用电脑的老年朋友，要格外注重皮肤保洁，上网前涂上隔离乳液，上网后及时清洁肌肤，以免出现“电脑斑”。

当然还可以配合一些运动疗法预防和去除老年斑，如面部运动。演员和歌唱家发生面部老年斑的时间要比普通人推迟 5 ~ 10 年，这应归功于他们有更多的面部肌肉运动。因此，每天咀嚼口香糖 10 ~ 15 分钟，或在进餐时细嚼慢咽，可以改善面部的血液循环和皮肤代谢，能够推迟老年斑的发生。还有练练太极拳、瑜伽、简易体操、游泳等，多参加集体活动，能让人摆脱烦恼、身心舒畅，进而改善新陈代谢过程，及时排出体内毒素，减少色素积聚，可以预防和消除老年斑。

特别提醒

老年斑是老年人常见的皮肤症状，老年朋友应该正确对待，并科学地预防和治疗，让自己保持最好的状态以延缓衰老。

14. 哪些护肤品比较适合老年人

随着年龄的增长，身体与组织器官不断衰弱。皮肤作为人体器官，也在不断衰老，表现为出现细纹、皱纹、和色斑等多种皮肤问题。

目前老年朋友们了解最多的延缓衰老措施就是各种抗氧化。人体细胞不断遭受自由基的攻击，人体本身能自然产生抵抗自由基的抗氧化物质。人体的抗氧化能力越强，身体就越健康，皮肤也就越好。因此，可以通过外用抗氧化剂来抵抗这一部分自由基对皮肤的影响，如大家都熟悉的抗氧化成分、绿茶提取物、Q_{10}等。在选购护肤品时，可以查看成分，尽量选择有这些成分的护肤品。

在护肤品的选择上，推荐老年朋友选用能够延缓衰老的营养性化妆品，这类化妆品分为珍珠类、人参类、蜂乳类、花粉类、维生素类。

珍珠类即在一般化妆品中添加珍珠粉。珍珠中含有多种微量元素及角蛋白肽类等成分，能参与人体酶的代谢，促进组织再生，起到护肤、美颜、延缓衰老的作用。

人参类即在一般化妆品中加入人参精华。人参含有多种维生素、激素和酶，能促进蛋白质合成和毛细血管血液循环，刺激神经，活化皮肤，起到滋润和调理皮肤的作用。

蜂乳类即在一般化妆品中加入蜂乳成分。蜂乳中尼克酸含量较高，能较好地防止皮肤变粗；另外，蜂乳还含有蛋白质、糖、脂类及多种人体需要的生物活性物质，可以滋润皮肤。

花粉类即在一般化妆品中加入花粉成分。花粉中含有多种氨

基酸、维生素及人体必需的多种元素，能促进皮肤的新陈代谢，使皮肤柔软、增加弹性，减轻面部色斑及小皱纹。

维生素类也可包含多种维生素。例如，维生素A可防止皮肤干燥、脱屑；维生素C可减少色素沉着，使皮肤白净；维生素E能延缓衰老、舒展皱纹。

即使老年人不再像年轻的时候一样明艳动人，但是老年人自有老年人的风情。如果做好护肤，选对护肤品，一样可以美丽优雅。

15.养发护发有哪些方法

很多老年朋友白发越来越多，脱落也越来越快，最终发质变差，数量变少，有些老年男性甚至头发全无。因此，老年朋友非常关心如何养护头发。下面就介绍一些养护头发的方法。

寒冷的冬天中帽子是老年人必不可少的。有很多老年人因为怕冷，帽子一戴就是一整天，戴帽子的部位因长期不透气而受到压迫，容易导致肌肉松弛，引起脱发。所以，老年朋友平时在温暖的室内最好摘下帽子，给头发“透透气”。

众所周知，吸烟对肺的损害极大。对于老年人来说，吸烟还会使头皮毛细血管收缩，影响头发的生长。老年人适量喝酒，对身体有一定的益处，但是过量的话也可能导致脱发。

头发生长在头部，人思绪过多、精神压抑也会影响头发的生长，更容易造成脱发、白发。老年朋友一定要保持乐观的心态。愉快的心情可消除精神紧张感，防止头发早白、早脱。脱发、白发多因精血不足、营养匮乏所致，可多吃一些含铁、钙、锌等矿物质，多种维生素以及富含蛋白质的食品。例如，含有丰富蛋白质的鱼类、大豆、鸡蛋、瘦肉等，含有丰富微量元素的海藻类、贝类，富含维生素 B_2、维生素 B_6 的菠菜、芦笋、香蕉、猪肝等，都对保护头发、延缓衰老有好处。

老年人每天的睡眠时间不应少于 7 个小时，最好在晚上 11 点前入睡，睡前要充分放松，否则会影响身体神经内分泌系统的调节。每天早晨要按时起床，活动一会儿吃早餐。

每日睡觉前和次日起床后，将双手十指插入发内，从前额经头顶到后脑揉搓头皮，每次 2 ~ 4 分钟。经常按摩头皮，可改善头皮营养，调节皮脂分泌，促进头皮血液循环，增进局部的新陈代谢。梳头用黄杨木梳或猪鬃头刷，既能去除头屑、增加头发光泽，又能按摩头皮、促进血液循环。

注意加强锻炼身体，这是保护头发、保护身体的关键。长时间不活动，会使肌肉萎缩，身体处于亚健康状态，会导致白发、脱发。因此，要想头发好，必须有一个好的身体。

希望老年朋友能够从生活方式、饮食结构、心情态度方面，把自己调整到最佳状态，养护好自己的头发，让自己看起来更加健康有活力。

16. 推荐老年女性朋友化些淡妆

当时光不可避免地在女性脸上留下印迹时，与其自怨自艾，不如从容面对。即使年老后不再像年轻时明艳动人，但自有风情，每日化个淡妆，就能让自己提升自信。

（1）肤色的修饰：老年女性朋友在日常生活妆中一定要以淡雅为佳，体现这个年龄女性的柔美与端庄。要注意色彩的浓度，以中性、柔和的色调为主。

面部化妆一般分为 5 步：打粉底，涂眼影，画眉，刷腮红，抹口红。化妆时，粉底要轻薄，由于老年人肤质相对比较干，又有皱纹，建议使用湿的粉底液。如果底妆用较厚的干粉，会出现卡粉的情况，皱纹也会越发明显。如果脸上有斑，可以用遮瑕膏遮盖做局部处理，千万不要用较厚的粉底涂满整张脸，那样会极不自然。由于这个年龄段的女性皮肤大多松弛，在脸颊处涂少许阴影，能起到提拉的作用。然后用大的粉刷，均匀地将半透明的蜜粉，刷遍整个脸、颈、耳朵部位。

（2）眉眼的修饰：中老年女性眼睑较厚，眼部化妆要格外谨慎。不可使用闪光粉彩和油质的眼影，应该在整个眼睑上抹一些浅咖啡色的阴影粉。画眼影可以采用最普通的画法，其实这也是最简单的一种方法，那就是同种色彩以不同的深、浅色，自眼睑下方至上方、由深至浅渐次画上，可以塑造目光深邃的效果，眼睛看起来会变大至少 1/3，而且很有神。这个年龄的女性上眼睑会下垂，眼线画了也会看不到，不妨粘上双眼皮贴，提升松弛的眼睑。下眼睑可不画眼线，这样能使眼睛看起来柔和自然、富有神采。

东方人通常用咖啡色、棕色或灰色眉，眉笔的颜色要选与自己眉毛颜色最接近的。避免过分修饰眉形，画的时候尽量淡，从眉头到眉梢依次画，眉头最好一笔一笔、从下到上、从内到外画，眉梢注意要一笔带过、避免修改。眉毛若有脱落，可用灰色眉笔一根一根填补，再用眉粉刷刷出眉形。因为年龄的关系，眉毛会有些下垂，修眉时注意把下垂的眉毛抬高。眼影和眉毛修饰之后就是睫毛，可以用睫毛膏刷睫毛，不要忘记刷睫毛前用睫毛夹夹卷（睫毛应夹 3 次：第 1 次夹根部；第 2 次夹中段轻轻向上弯；第 3 次夹尾端）后再刷，这样效果会更好。

（3）腮红和口红：腮红和口红有“点睛”之效，是化妆中重要的一环。可以选用柔和的中性色，如豆沙红、浅棕红、肉粉

色等腮红，既能修饰轮廓，又能使面色红润。首先要选择合适的颜色、合适的部位，选出适合色系的腮红。对着镜子微笑，颧骨的部位就是可以打上腮红的部位。使用时每次的腮红量要少、要淡，可以多刷几次，直至效果完美。涂口红也以浅色为宜，切忌明艳的大红色。一般上唇涂深些，下唇涂浅些。

（4）化妆后一定要认真卸妆，简单介绍如下。①眼部肌肤极为幼细，应避免过分用力，以免拉松皮肤、形成眼纹。应先用棉花棒蘸上卸妆品卸除眼线及睫毛的化妆品，再用卸妆棉轻抹眼部的化妆。②以上述手法抹掉眉上的化妆。重复以上步骤，直至完全卸掉所有化妆品。③以纸巾印去多余的唇膏，在唇上涂上卸妆品后，再以手指轻轻打圈，直至所有唇膏浮起，以卸妆棉轻印唇部，抹去唇上的化妆品。④在脸部 T 字位置涂上卸妆品，继而清洁鼻翼两侧，接着以手轻搓下巴位置，最后以同样手法清洁面颊两边。⑤最后用清水冲洗干净所有的卸妆品，擦干后再涂上爽肤水及护肤品。

17. 老年人夏季要注意防晒

夏季太阳光中有紫外线、可见光和红外线，导致晒伤的是紫外线。紫外线随海拔高度而增强，沙漠、冰雪可大量增加紫外线的反射。

当皮肤被紫外线过度暴晒后，会损伤表皮细胞，活化酪胺酸酶，加速色素合成；破坏皮肤的保湿功能，使皮肤变得干燥，让真皮层中的弹力纤维受损，使细纹产生；在强烈照射下，还会造成肌肤发炎和灼伤，有异常情形时会生成色素性的皮肤癌等。在一次较长时间的紫外线照射皮肤后，皮肤会在数小时后出现弥漫性红斑，颜色鲜红，皮肤水肿，严重时会起水疱。在日晒后第二天，皮肤红斑反应达到高峰，经 1 周左右红斑消退，有落屑和色素沉着，自觉皮肤灼热疼痛，严重者可伴有全身反应，如发热、头痛、乏力、恶心和全身不适，甚至出现心悸、谵妄与休克。老年朋友一定要注意防晒，它是皮肤老化的元凶。

夏季应该如何防晒呢？可以打伞并适时使用防晒霜。防晒霜的作用就是抵挡紫外线对皮肤的伤害。如果是进行户外活动或游泳等，最好提前 30 分钟涂抹防晒霜，这样可以有充分的时间让防晒剂与角质细胞紧密附着，会更加牢固。“SPF”和“PA”是紫外线抵御效果的指标。这些指标的效果是要涂抹适当的量才能发挥出来，适量是指每平方厘米的皮肤要涂 2 毫克。在实际使用中，很多人涂的量不够，在出汗、擦汗以后需要重新涂。此外，防晒霜产品的类型很多，比较容易涂抹的是乳霜和乳液类型。不习惯使用化妆品的男士推荐使用质地轻薄的啫喱类型。喷雾类型

用起来简单，但是喷的时候会扩散，容易造成涂不够量，可以作为辅助使用。

防晒不仅限于涂抹防晒霜，应当采用衣帽、伞、环境等综合措施，防止过强紫外线对皮肤造成的伤害。老年朋友还可以通过饮食来提升防晒能力。西红柿、胡萝卜、绿茶、亚麻油等具有抗氧化作用的食物，能够提升皮肤的抗晒能力，延缓晒伤，一定限度地减少晒黑。

18. 如何选择适合自己的发型

步入老年之后，头发的变化让老年朋友们显而易见地意识到衰老，对生活质量产生了一定的影响。头发因毛囊、毛球萎缩和色素细胞功能减退而从两鬓开始变白。由于处于退行期，休止期的头发数量要超过生长期的头发数量，于是头发变得稀疏，甚至半秃或全秃。这些生理上的变化是自然规律，不可逆转，会给老年朋友的形象带来影响，但只要选对适合自己的发型，就能让自己看起来精气神十足，也年轻许多。

选择适合的发型最重要的根据是脸形和发质，有经验的发型师都能把握。

选择发型要看脸型，不同的脸型，选择发型不同。

圆脸的脸长一般比脸宽要短一些或者差不多，下巴是圆的，下颌的线条比较圆润、没有弧度，面部轮廓圆润柔和，看上去温柔可爱，没有距离感和攻击力。这种脸型在挑选发型时推荐侧分或者斜分，因为圆脸的下颌本身就不是很窄，中分可能会放大这一点而显得脸更大，或者可以在中分的时候注意两侧头发的弧度，把额头露出来一些。还有就是把两侧的碎发挑出来一些，在披发或者扎发的时候都能修饰脸型。

长脸的脸长明显比脸宽长很多，脸型比较窄。有的是额头比较长，发际线比较高，这类脸型就不要选择中分，会显得发际线更高。中庭比较长的女性比较难用发型来修饰，但可以利用妆容来改善，如眉毛稍微加粗、鼻梁的高光不要整条都打。下颌比较长的女性可以选择长度在下颌稍微偏上一点的短发。此外，长脸型还可以选择留刘海，如空气刘海，注意不要选择厚厚的齐刘海，会显得厚重。

方脸的脸型一般比较方，弧度并不圆润，通常额头比较宽，颧骨处也比较宽。方脸可以选择长发，索性把全脸最方的地方遮住。还可以选择侧分和“S”分，但是发根的位置要注意蓬松度，不能贴着头皮。长卷发也可以，但是在颧骨的位置要向外弯，下颌的位置要向内弯，这样才能有效地修饰脸型。

菱形脸的额头和下巴都比较窄，最宽的地方在颧骨。这样的脸型可以直接拿头发遮挡，或者留卷发弱化线条分明的脸部轮廓。选择侧分或者中分都可以，依然要注意发根的蓬松度，不要贴着头皮，而要保持“S”形，吹头发时可以把头发倒过来吹，或者头发三七分的时候先拨成七三分吹，吹完再拨回去就能保持蓬松度。

喜欢长发的老年女性最好选择盘发的发型，因为长发披散下来不太适合，这种盘起来的发型会显得年轻。烫发后借助发卷的蓬松度和弯曲度，盘发会显现高贵气质。所以，老年女性，无论选择什么发型，可以借助烫发来增加蓬松度和发量。

特别提醒

发型还与日常打理有关。爱美的人，无论年龄大小都会精心呵护和打理自己的发型。古人总结很到位：“三分长相，七分打扮。”我们经常会看到头发梳整得一丝不苟、妆面非常精致的老年女性，从她们的发型和妆容就能知道她们对生活的热爱，对自己的关爱，对他人的尊重。

19. 老年人染发注意事项

很多老年朋友都有染发的需求和习惯，因为有白发的原因，染发的频率也比较高。有人担心染发伤害身体，也有人担心染发损伤发质。对于经常染发的老年朋友来说，需要在染发前、染发时以及染发后，对相关知识做些了解并在日常生活中加以注意，能对发质和身体起到保护作用。

在染发致病的人群中，致病率高的往往是把白发染成黑发的老年人。这是因为老年人染发要从发根染起，染发剂与头皮紧密接触。再加上老年人染发的时间间隔往往很短，头部皮肤反复吸收染发剂。如果体质较差，就更容易对身体造成危害。因此，老年人最好不要染发，如果有特殊情况必须要染，一年也不要超过两次。选择好的染发剂，并且要到专业的美发店染发，在染发之前先做皮试，选择半永久性的染色剂。有过敏体质、高血压、哮喘、心脏病的老年人，不建议染发。

染发前做好准备工作，会对染发和后面的维持发色有较大的帮助。同时，为了尽可能地减少染发“后遗症”，请老年朋友在染发时做好以下“功课”。①染发前 1 个月开始加强对头发的护理，洗头后可以涂抹一些营养头发的护发素或发乳。②初次染发的人建议要做皮肤敏感测试，即将少许染发剂涂在手臂内侧或耳后皮肤上，48 小时后局部没有出现水疱或灼痛感等异常反应再染发。③当感冒、发热、身体不适以及头皮有破损时，不宜染发。④建议在染发前一天洗头，这是因为间隔一天头皮分泌的油脂有保护作用，也可以避免洗发时被抓伤。⑤为避免染发剂直接蹭到皮肤上，建议染发前沿发际线在额头、耳后、颈部的皮肤上涂一点润肤霜。⑥过敏体质、血液病、哮喘、心肝肾功能不全和免疫力低下者不宜染发。

染发最重要的就是染发剂的选择，购买时选择权威机构认证过的品牌产品。染发剂有化学染发剂和植物染发剂两种，推荐使用植物染发剂。

染发后洗头时要用指肚反复按摩头皮，不仅可以促进头部的血液循环，还能让头皮的残留染发剂全部清洗干净。注意洗头要用温热的水，不要用凉水，否则染发剂很难清洗干净。

染发后养护十分必要，需要注意些什么呢？①防晒：染后的头发长期受到紫外线照射会发生不同程度的褪色，做好防晒能防褪色。可以戴帽子，或者使用防晒喷雾及护色类产品。②使用护发素：为避免染发剂对头发、皮肤的持续刺激，洗发后建议最好使用护发素。市面上有一些专门针对烫染头发的护发素，所含成分对头发有一定的滋润、修复作用。③染发后要加强对头发的营养护理，并且注意在短期内不要再烫发，以免影响发色和损伤头发。④一年最多染发不超过两次，两次染发的间隔在3个月以上，而且不要频繁地更换染发剂。⑤染发后当天不能洗头发，在耳后可以涂一些凡士林或者乳液，以免染发剂对头发造成的伤害。⑥如果染发后出现不良反应，要立即停止。

特别提醒

染发后的褪色情况是不可避免的，但是可以采用一些方法，尽量延长发色的保持时间，避免头发严重掉色。一般来说，越昂贵的染发膏对头发的伤害越小，但是它的颜色顶多只能保持 1 个月，然后头发就会慢慢掉色。如果染发之后能够保持长时间不掉色，有可能是因为选用了含有重金属的染发剂，对人体的伤害比较大，这种染发剂建议谨慎使用。

三

形体管理

20. 合理锻炼很重要

我们常常认为衰老是自然发生的事情。诚然，生命中许多事情并不可控，但决定晚年生活质量的，一定是要让自己拥有健康的身体。健康是一切的根本。生命在于运动。通过规律而适当的运动，可以在生物层面改变衰老速度，还可以改善心情，建立自信心。通过减少慢性刺激以及应对压力的生化反应，可以延迟慢性疾病的发生，并将发病概率降到最低。

人类的衰老速度因人而异，但在很大程度上是可控的，重点在于老年朋友如何维持身体的功能和活力。延缓衰老的一个重要方法就是锻炼。如果把锻炼融入其他综合活动中，会带来满足感和快乐。理想的锻炼习惯可依据自己的喜好、体能等因素而定。在这一方面，每个人都是不同的。对一些人而言，在特定的时间和地点进行特定的锻炼活动最好，也有人则认为混搭能给他们带来更多的乐趣和动力。每个人都可以找到自己的方式享受锻炼。

下面简单介绍下页表中提到的运动类型，老年朋友可根据自己的实际情况选择适合的运动项目。

（1）热身运动：是把体温提升 1 ~ 2℃，为锻炼做准备的过程。它让紧绷的肌肉得以放松，让心脏和肺部做好准备，迎接即

锻炼类型	主要益处	目标量
热身运动	降低受伤风险	每次锻炼前热身5～10分钟
有氧运动	强健心脏、双肺及血管系统	每天30～45分钟(每周至少3次)
抗阻运动	强健肌肉，改善虚弱	每天30～45分钟(每周2～3次)
韧性训练	降低受伤风险，促进身体放松	每天15分钟
平衡练习	降低摔倒的风险	每天10分钟
放松练习	缓解疲劳和酸痛感	每次锻炼后放松5～10分钟

将增加的活动量，还可以改善体能、减少受伤的风险。每次锻炼前都应当先做热身运动。先从关节开始，依次放松双手、双臂直至脚趾。慢慢地顺时针或逆时针扭动关节，直至感到关节放松、行动自如。

（2）有氧运动：是指一切能加速心率、促进人体进行深呼吸的运动。常见的有氧运动有跑步、游泳、自行车骑行和舞蹈。有氧运动有利于心脏、双肺和血管系统，应该成为锻炼计划的核心。

（3）抗阻运动：目的是增强肌肉的力量。可以适当选择抗阻力健身器材、力量训练器、阻力带或其他类似器械来完成。每周进行 2～3 次抗阻训练，每次 30～45 分钟，能显著提升有氧运动的效果。

（4）韧性训练：降低关节受伤风险，有助于放松和缓解压力，属温和性伸展运动。典型的韧性训练有太极、气功和瑜伽。每天要坚持 15 分钟的韧性练习。

（5）平衡练习：人上了年纪，平衡能力变得越发重要。进行平衡练习，是为了提高保持稳定的能力和减少摔倒的风险。最简单的平衡练习就是单脚站立。试着单脚站立至少 1 分钟，每条腿单独站立 3～4 次。

（6）放松练习：做完运动后，由于肌肉进行了最大限度的拉伸，肌肉会因产生乳酸而有疲劳、抽筋、紧绷和酸痛的感觉，这时可以花 5～10 分钟时间做放松练习以缓解症状。可以做一些轻微的伸展运动，直到心率降至正常水平。

特别提醒

锻炼的关键是执行。老年朋友可以根据自己的喜好，选择锻炼的方式，并形成日常习惯，快乐迈出第一步吧！

21. 推荐老年朋友做瑜伽

瑜伽发展到今天，已经成为世界广泛传播的一项身心锻炼修习法，对心理减压、生理保健等有明显作用。下面介绍几个适合老年朋友练习的瑜伽体式。

站式一式

动作要领：①横向站在垫子中间，山式站立。②双手扶髋，双腿打开两肩宽。③转右脚跟，脚尖外转。④髋部随着右腿向右，将左脚尖向内收60°，髋关节摆正，朝向右脚尖前方。⑤屈膝，髋下沉，将髋对准右膝脚尖的方向。⑥小腿垂直大腿与地面平行，右髋后拉，左髋前推。⑦髋摆正，腰线拔长。⑧双手臂向上延展，手臂伸直。⑨保持呼吸，身体稳定。

功效：强化大腿肌群，活动髋关节，拉伸腿后侧的股四头肌，活动胸腔，打开双肩。针对老年朋友僵硬的肩膀，能够有效缓解肩颈疼痛。

站式二式

动作要领：①横向站在垫子中间。②双手扶髋，双腿打开两肩半宽。③稳定身体，右脚尖转动 90°。④背部延展，屈膝下蹲，膝对准第二脚趾的根部。⑤将右髋打开，左髋下沉，左腿伸直，左脚有力推地。⑥稳定上半身，保持垂直状态。⑦双手打开侧平举，转头看右手指尖。

功效：活动髋关节，加强双腿锻炼，提升气质和专注力。针对老年朋友的腰腿不好，可以增强腿部力量。

站式三式

动作要领：①站在垫子前端，山式站立。②髋部以下扎根，腰线拉长向上，双脚有力推地。③双手扶髋，双脚打开，与胯同宽。④稳定右脚，撤左脚向后，脚尖点地。⑤呼吸调整，曲右膝，身体重心前移，抬起左腿与地面平行，双手稳定，左腿和背部保持在一个平面，双手合十于胸前。

功效：平衡性体式，可以锻炼身体的平衡性、稳定性，加强腿部肌肉耐力，让身心感受到平静、祥和。针对老年朋友常感到双腿无力，可以提高腿部功能。

船式

动作要领：①坐于地面之上，双手放在身体两侧，双腿前上伸，勾脚尖，保持稳定，调整呼吸。②屈双膝，双腿向内靠近臀部，双脚自然下垂，重心后移。③双腿依次向正上方延展，勾脚尖，稳定身体。④双手向前平举，保持与地面平行。⑤收下颌和收腹部，背部和双腿呈“V”字形。

功效：强化核心腹部肌群，可以美化腹部和腰部曲线。老年朋友可以缓解坐骨神经痛，加强骨盆区域血液循环，提高整个身体的协调稳定性。

三角式

动作要领：①横向站在垫子中间，双手扶髋。②双腿打开，一肩半宽。③稳定右脚跟，脚尖转动 90°。④髋对准正前方，保持稳定。⑤双手侧平举，打开，腰伸直，向右侧弯腰。⑥右手向下，手指抓大脚趾或扶小腿。⑦左手向上，转头看指尖，手臂上下垂直一线。

功效：拉伸腿部后侧韧带，强化背部肌群，修复和拔伸脊柱，促进双肩血液循环。针对老年朋友的脊柱问题，可以防止脊柱侧弯。

加强侧伸展式

动作要领：①山式站在垫子前端，背部尽量保持伸展，呼吸顺畅。②双手扶髋，双腿与胯同宽，左腿向后一肩半距离。③双手向上延展，手臂伸直。④身体拔长，向前、向下落双手在双脚两侧。⑤背部伸展，眼向前看脚尖。⑥起身以后伸直右腿，重复④⑤的动作。

功效：拉伸腿部后侧韧带，舒展背部；有美容养颜功效，促进血液循环。针对老年朋友的血液循环不畅，促进血液循环。

特别提醒

老年人练瑜伽，首先需要一位既专业又有责任心的好老师做专业指导。练习要适度，千万不要逞强或急功近利，否则只会给自己的身体带来伤害。

22. 老年人的运动注意事项

衰老是正常的自然规律，任何人都无法避免，但不同人的衰老速度和程度有较大差异。合理的运动可以有效地缓解衰老。那么，老年人的运动注意事项有哪些呢？

（1）循序渐进原则：在健身运动初期，运动负荷和运动量要小，锻炼后对运动负荷和运动量能适应，再逐步增加适宜的运动负荷和运动量。锻炼的动作应由易到难、由简到繁、由慢到快，时间要逐渐增加。

(2)个别对待原则：要根据老年人的年龄、性别、体力特点、健康状况、运动基础及运动习惯，选择最适宜的运动项目，并制订合理的锻炼计划，一定要因人而异。

（3）老年人运动还需要加强医务监督，特别要注意患有慢性病老人的运动监护。老年人常伴有各种慢性疾病，应在运动过程中及时了解自己的健康水平和功能状态，以免发生运动意外。老年人也应加强自我监督，强化自我保护意识和能力，在运动中如遇不适，应及时终止，以确保健康安全。如果运动造成身体受伤，一定要痊愈后才能运动，不可强行运动，并及时调整运动方式和训练计划。

（4）控制运动强度、运动频率和运动持续时间。老年人运动应该以中等强度的有氧耐力运动为主，每周至少 5 次，每次至少 30 分钟；或者选择较高强度的有氧运动，每周至少 3 次，每次至少 20 分钟；或者两种强度运动组合进行。心率是评价老年人运动强度的简易指标，中等强度评判指标是心率为 110 ~ 130 次 / 分。

（5）运动方式以有氧运动为主，结合适宜的力量练习和柔韧性练习。有氧运动是指连续有节奏的大肌群活动，如轻快步行、健身跑（慢跑）、游泳、太极拳、五禽戏、门球、老年健身操等。力量练习是指每周至少 2 次包括主要肌群的力量训练，每次力量训练强度为竭力完成 10 ~ 15 次单位训练。肌力在 50 岁时下降 10% ~ 20%，此后下降速度急剧加快。肌力下降的部分原因是老年人体育活动水平降低，但 60 ~ 80 岁人群肌力下降的主要原因是肌肉量丢失。柔韧性锻炼是指每周至少完成 2 次柔韧性运动，每次至少 10 分钟。常见的柔韧性练习包括柔软体操、太极拳、瑜伽等。

（6）做好准备活动和整理活动： 通常采用 10 分钟左右的快走、慢跑等作为准备活动，以增强关节活动柔韧性，防止运动损伤；整理活动可采用按摩、自我抖动肌肉、广播体操等方式，以促进疲劳恢复，时间也为 10 分钟左右。

特别提醒

老年朋友在专业人士的指导下，合理安排运动，并持之以恒、循序渐进，身体一定会越来越健康。

23. 老年人如何进行肩颈部锻炼

随着年龄增长，人体器官逐渐衰老，肩颈部活动较多，负担较重，也容易引发疾病，所以老年朋友如果发现有肩颈部问题，一定要加强对肩颈部的治疗和保护。中医有句话是“颈是百病之源”，肩颈不好会给我们带来一系列问题，长此以往最终会出现不好后果。因此，老年朋友一定要保护好肩颈部，做好颈肩部锻炼。

在肩颈锻炼时，头颈自然放松，动作幅度尽量大（老年朋友量力而行），使颈部肌肉充分伸展。动作舒缓，慢而匀速，重复练习。除了一些常规形体锻炼的动作方式，瑜伽中也有一些动作对开肩和颈部训练有帮助。开肩练习实际上也是强化胸椎、肩部肌肉及开扩胸腔促进健康呼吸。

单人开肩练习

动作要领：①竖起瑜伽砖，手肘放置于瑜伽砖上。②大腿与小腿呈 90° 跪于瑜伽垫上。③臀部抬起，腰部、胸部下压，靠近垫子，肩部下沉。

注意事项：患有高血压、低血压、偏头痛等疾病的人群，或者有腰痛、身体不适的人，尽量不要勉强去做。

双人开肩练习

动作要领：①两人站立于垫子两端。②手臂互相搭住肩部，弯腰把身体向腿部折叠。③肩部向下压，两人互为支撑。

其他练习

还可以通过刮痧、按摩、拔罐等疏通经络，需要注意的是要到正规的中医医疗机构操作。

希望老年朋友勤加锻炼，保护好自己的，拥有健康的身体。

特别提醒

除了多做运动外，老年朋友在饮食上还可以多吃茼蒿、葱、蒜、海带、海藻、萝卜、金橘、山楂等具有行气活血作用的食物，也可以在医生指导下服用逍遥散、柴胡疏肝散、越鞠丸等中成药进行调节，打通血气。同时，还应该保持好的心情，因为人心情不好时，气机就会郁结，就会导致经络不通。因此，老年朋友不管发生什么不愉快的事情，都要想得开。

24. 老年人如何进行腿部锻炼

腿是人体支撑和一切运动的基础，是人体线条美的重要组成部分。腿部肌肉锻炼可以增强全身血液循环，加强髋关节、膝关节、踝关节的坚固性和灵活性，能使体形更加健美，也能使老年朋友步伐更有活力。下面介绍适合老年朋友的腿部练习。

蹲

动作要领：①两膝保持外开，均匀向下半蹲。②脚跟不离地面，随后以脚腕和膝盖的力量将身体均匀推起，恢复直立。③做全蹲时，下蹲至最大限度，脚跟缓慢地略略抬起，继续下蹲。随着脚跟徐徐着地，同时将身体缓缓推起，恢复直立。

擦地

动作要领：①主力腿直立，动力腿向前、向侧或向后擦出，脚跟应用力往前顶，与主力腿的脚跟成一直线。动力

腿要用力伸直，髋部要正。②擦地与收回时，均以足尖带动脚掌，脚尖始终不离地面，同时保持正确的身体姿态。

划圈

动作要领：①保持主力腿固定不动，以脚跟向前顶的力量带动小腿。②绷脚向前，往侧、后划半圆。

屈伸

动作要领：平躺于地面，双腿伸直，手臂打开。腿部屈膝，脚尖点地。

踢腿

动作要领：踢腿可分为小踢腿和大踢腿。①小踢腿：平躺于地面，双腿伸直，手臂打开。腿部向上踢到 90° 与地面垂直。②大踢腿：同上文中的“擦地”动作，动力腿擦出后不停地迅速向上踢 90° 或 90° 以上。下落经脚尖点地，不停顿地迅速恢复原位，可向前、向侧、向后练习。

搬、压、控腿

动作要领：①坐姿，上体保持抬头、立腰、立背、髋正，两腿伸直。压腿时两腿都要伸直。向前压时，腹部尽量贴近大腿；

向侧压时，肩和身体的外侧靠大腿；向后压时，上体尽量向后屈，以头去贴近后腿。②控腿时，扶杆站立两腿伸直，动力腿绷脚尖，并向远方用力。

把杆侧摆腿

动作要领：①单手扶把杆，身体保持正直。②外侧腿为动力腿，其脚尖与主力腿外侧点地，外侧手做侧平举。③动力腿向侧上方摆出，绷脚尖，用脚背力量带动摆腿，两腿伸直。

把杆后摆腿

动作要领：①单手扶把杆。②动力腿脚尖前点地，动力腿向后上方摆出，绷脚尖，用脚踝的力量带动摆腿，两腿伸直，腿回落时注意控制还原。

压脚踝练习

动作要领：①身体挺直，收腹，立腰，双腿并拢伸直，双脚绷脚面。双肩放于身体两侧，双手撑住两侧地面。②右脚尽量向上勾起，左脚用力绷脚面，然后两脚交替练习。

25. 老年人如何进行腰腹部锻炼

老年人锻炼腹肌除了美体，也有益于身体健康，能预防腰椎前凸症造成的腰痛。下面介绍几组腰腹部最基本、最简便的训练方法，每天自己在家就可以完成。

（1）转腰：在平地站立，双脚与肩同宽，双手叉腰，调匀呼吸，以腰为轴，上身保持直立状态，以腰为轴按顺时针方向水平旋转，然后按逆时针方向做同样的动作。速度均匀，不要太快、太猛，各做 20 次左右。

（2）弯腰：站立，双脚与肩同宽，双手叉腰，腰部前屈、后展各 10 次左右。

（3）捶腰：双腿稍微弯曲，双臂自然下垂，双手轻握成拳，腰部按照顺时针、逆时针方向扭动，双臂随之摆动，一前一后轻轻捶打在腰部和腹部，连续 20 个循环。

（4）传统健身术：中国传统健身术强调“以腰为轴”，把腰部活动看作生命之本，如太极拳、五禽戏、八段锦等都是以活动腰部为主。常用方法有扭腰转胯、俯仰伸腰、左右弯腰、桥形拱腰、旋腰转背等。

（5）倒走法：倒走时人体骨盆倾斜方向与正常前行时相反，腰部肌肉紧张状态可以得到松弛和调整。此外，倒走还能强化背部竖脊肌和踝、膝关节周围的肌肉韧带以及促进颈椎等部位的血液循环，起到舒筋活络、强身健骨的作用。

（6）骑自行车：骑车时车座尽量降低，把手高一点。骑车对腰椎管狭窄患者最为有利，可以增强腰椎柔韧性，每天坚持 30 分钟左右为宜。

特别提醒

老年朋友一定要保护好自己的腰腹部，平日以养护为主，并根据自己的身体状况合理运动。腰部持续疼痛不能自行缓解时，一定要查明原因，排除肿瘤等病变。急性疼痛时可以佩戴腰围，卧床休息，以缓解疼痛，但注意不要经常佩戴。

26. 音乐是老年生活的一剂“良药”

美妙的音乐，可以活跃和改善情绪，消除外界精神心理因素所造成的压力，还能通过神经体液调节机制，促进血液循环，增强脑、心、肝、肾等器官功能，增进胃肠蠕动和消化液分泌，加强新陈代谢，可以帮助治疗疾病。目前，很多国家已经将音乐疗法应用于医疗过程中。

老年人在听音乐时，以旋律优美、节奏轻松、曲调清新的乐曲为最佳选择，以不超过 80 分贝为最佳音量。

音乐选择要与情绪一致。例如，当处于悲痛情绪时，不能立即选用欢快的乐曲，这可能会心烦意乱、产生厌恶。此时如果用《悲怆交响曲》或民乐《江河水》等乐曲，不求宣泄悲痛之情，而是引导其进行发泄，直到心中抑郁得以化解。逐渐轻松后再倾听平静、舒缓的乐曲，经过调整、情绪好转之后，再倾听较为轻快的乐曲，使波动的情绪得以平静。

一天中不同时段，也要选择不同的音乐。在古籍《寿世保元》中，有“脾好音乐，闻声即动而磨食”的说法，吃饭时听些柔和、轻松的音乐，可以增加食欲；饭后欣赏舒缓的音乐，可以使元气归宗、乐以忘忧、健脾消食；在睡前选择和声简单、音乐和谐、旋律变换跳跃小、缓慢的独奏曲或抒情小品音乐，有利于创造放松、舒适的意境，促进睡眠，改善睡眠质量。

总之，音乐有助于老年朋友保持身体和心理健康。希望老年朋友能够欣赏音乐，感知音乐带给我们的快乐，让老年生活曲调优美、涓涓流长。

27. 时装表演让你更自信

生活实例

刚刚接触时装表演的王阿姨，是一名机关退休人员，几十年一直从事机关档案整理工作，性格也比较内向。退休后王阿姨由于偶然的机会参加了街道举办的社区老年模特队。刚开始加入的时候，王阿姨总是跟不上大家，平时训练大家都围簇在一起交流心得体会，可是王阿姨总一个人在角落里看着大家讨论，等到她上场的时候又怯生生的，不敢昂首挺胸地走，在台上的动作也做不到位。

时间久了，指导老师发现了王阿姨的问题，就帮她安排了队里走台比较好的阿姨做搭档，这位阿姨也特别热心开朗。王阿姨和她的搭档在台上互相打气，互相鼓励，在台下两人没事就交流台步和动作，还一起商量设计台上的亮相动作、队形编排等。慢慢地，王阿姨的胆子大了，台步也走得越来越好，人也越发自信美丽。

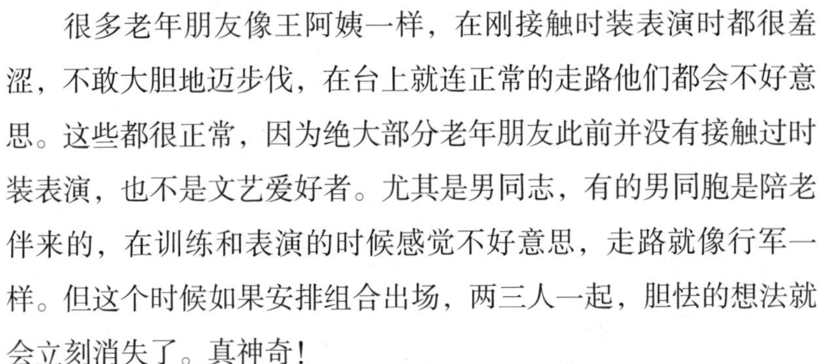

很多老年朋友像王阿姨一样，在刚接触时装表演时都很羞涩，不敢大胆地迈步伐，在台上就连正常的走路他们都会不好意思。这些都很正常，因为绝大部分老年朋友此前并没有接触过时装表演，也不是文艺爱好者。尤其是男同志，有的男同胞是陪老伴来的，在训练和表演的时候感觉不好意思，走路就像行军一样。但这个时候如果安排组合出场，两三人一起，胆怯的想法就会立刻消失了。真神奇！

这时候，可以根据多人的身高、体形组合设计适当的动作，使场上看起来更活泼。老年朋友有人陪同站在舞台上，也会更显自信。

组合的动作有很多。首先是 2 人造型。两人同时从 T 台的左右两边出场，走到中间定位，这个时候可以摆个造型，定好位两人一起向台前走。走的时候可以用眼角的余光关注同伴，注意彼此的步伐，尽可能地保持同步。走到台前，两人再摆个亮相的姿势，这个动作注意停留的时间要久一些，最后转身回去。

其次还有 3 人造型。通常会让一位身高较高的模特先走到台中定位，随后再有两位模特一起出场，站在第一位出场模特的后面，形成一个三角形。保持这样的队形向前走到台前，较高的模特定位摆造型，后面的两位模特也停下来，等较高的模特做好动作转身回去的时候，后面两位模特跟上来走到台前，同样定位摆造型，最后转身回去。如果舞台比较大，也可以多人组合造型。

衷心希望每一位刚接触时装表演的老年朋友都能寻找到自己的同道中人，收获友谊，一起快乐，一起美丽！

四

优雅社交

28. 老年人更要注意个人仪态

一个人的容貌、服饰和姿态等是精神面貌的外观体现，与生活情调、思想修养、道德品质和文明程度密切有关。

个人仪容的基本要求有发型得体、面容整洁、服装得体、仪态优雅。发型要注意长度适中、款式适合。男士头发应前不盖眉、侧不掩耳、后不及领；面部修饰除了整洁之外，每天应修面剃须，鼻毛和耳毛也要适时修剪；口部要力求无异味、无异物。女性也应注意仪容仪表。最好以淡妆修饰，在公众、异性面前不化妆或补妆；表情自然，应保持面部自然从容、目光温顺平和、嘴角略带微笑，让人感到真诚可信、和蔼可亲。

仪态能反映一个人的礼仪。仪态是指人在行为中的姿态和风度，姿态是指身体呈现的样子，风度则属于气质方面的表露。洒脱的风度和优雅的举止，常常被人们羡慕和称赞，能给人们留下深刻的印象。我们往往可以从一个人的仪态来判断他的品格、学识、能力和其他方面的修养程度。下面具体谈谈仪态中的站姿、坐姿和行姿。

站姿

优雅站姿（下页右上图）：①垂直站立，双脚同肩宽。②肩、胯垂直于双腿，人体成垂直线。③收腹，提臀，肩胛骨向里收，双脚踩实，头向上顶，脊柱直立。

坐姿

端庄坐姿（下左图）：①抬头，收腹，挺胸，沉肩提颈，双脚成“V”形，双膝夹紧。②双手自然下垂，保持站立的基本姿态。③目光前视，面

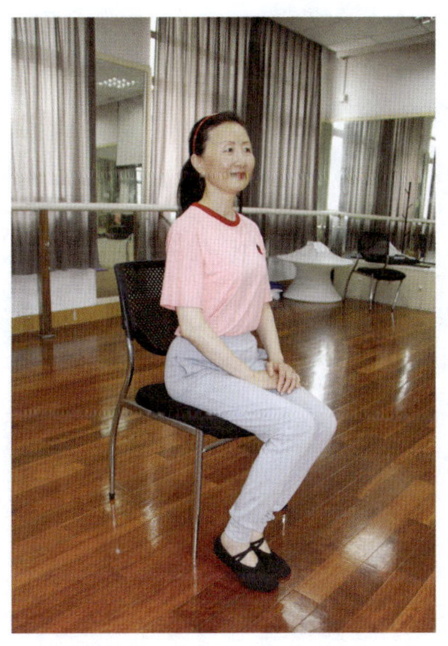

带微笑，充满自信。背部挺直。

重叠坐姿：①上体挺直，一脚前掌轻点于地面，另一脚后交叉。②前脚掌着地，双膝并拢。双手姿势与端庄坐姿相同，也可重叠交叉置于左腿或右腿上。

小跷腿坐姿（上页下右图）：将左腿微向右倾，右大腿放在左大腿上，脚尖朝向地面。跷起的腿不要抬得过高。脚背指向地面，不要跷起过高。背部挺直。

行姿

动作要领：①行走应走一字步，即两脚交替迈步，两脚踏在直线上，身体各部位配合协调，躯干直而立，双肩沉而后紧。②步伐轻盈、玲珑、娴熟，步伐约每分钟 120 步。

特别提醒

个人礼仪除了对仪容有要求，还要做好表情管理。表情是人的面部感情的外显，有眼神、笑容、面部肌肉动作等。眼神要注意“目中有人”：在和别人交流时要养成注视对方的习惯；和别人说话的时候，要正面面对别人。

29. 家庭礼仪注意事项

成语故事

春秋时一个叫冀缺的人在田里除草，他的妻子把午饭送到田头，恭恭敬敬地用双手把饭捧给丈夫，冀缺庄重地接过来，毕恭毕敬地祝福以后再用饭。妻子在丈夫用饭时，恭敬地侍立在一旁等着他吃完，收拾餐具辞别丈夫而去。这件事被当时晋国的一个大夫臼季看见。《左传》中记载了这段小故事。如今夫妻之间依旧要保证彼此尊重和关爱。

家庭礼仪是人们在长期的家庭生活中，用以沟通思想、交流信息、联络感情而逐渐形成的约定俗成的行为准则以及礼节、仪式的总称。家庭礼仪以感情联络为目的，它不像商务礼仪一样用来塑造个人形象、公司形象，而是通过种种习惯形成的礼节、仪式来进一步沟通家庭成员之间的感情，以相互关心为原则。

家庭礼仪因时代、环境、习惯不同而存在很大差异，但有一点是肯定的，评判某种家庭礼仪是否进步、是否合乎礼仪规范，主要看它能否对社会产生好的影响。

（1）在家庭礼仪中，夫妻礼仪最为重要。夫妻之间为什么要有礼仪？中国自古以来就讲究夫妻相敬如宾。老年朋友的婚姻很多已走入银婚或金婚，夫妻二人早已成为亲人。礼仪对夫妻关系起到磨合作用，使爱情长久保鲜。夫妻之间如何讲究礼仪呢？

夫妻之间处理关系有一个“八互”经验：互敬、互爱、互学、互助、互让、互谅、互慰、互勉。

夫妻之间的“不要”：不要摆大男子主义；不要耍小姐脾气；不要争吵（忌“翻箱倒柜”、忌离家出走、忌说脏话、忌诅咒、忌动手）。夫妻之间的“要”：要凡事多商量；要关心对方的身体、心理；要善于反省、妥协；要主动认错。

（2）家庭关系中父母与子女之间的礼仪也十分重要。孟郊《游子吟》是表达母爱的千古绝唱，描述了古代父母与子女关系的融洽。但是，父母与子女关系破裂的例子也时有发生，如为了父母的财产六亲不认、为了孙辈的教育指责父母等。和美的家庭关系不能光靠血缘关系维持，它像是一棵有生命的植物一样，给予阳光雨露，才能生根发芽、开枝散叶，这就需要依靠礼仪来维持这种血浓于水的关系。

首先，要相互尊敬，尤其是儿女要尊敬父母，无论是结婚前在家里做儿子或女儿，还是结婚后成为别人的丈夫或妻子，对待父母都应该尊敬、孝顺，言语中不要顶撞老人。同样，老年朋友对待子女不要干预太多，无论是孩子的婚事，还是孩子成家后小家庭里的事，尽量少些干预，能够帮上忙的可以帮帮忙，帮不上忙的尽量不要过多指点。让孩子们独立处理他们自己和小家庭的事情。

其次，要互尽义务。父母养育子女长大成人，父母老了子女也应该尽孝道赡养老人。最后，要相互独立。父母不要让子女为自己过多花费，子女也不要干涉父母过多事情，如父母的人情事礼、社会关系以及父母的再婚问题。

（3）在中国人的各种家庭关系中，婆媳关系大概是其中最复杂、最微妙的。“家家都有本难念的经。”在从古至今的各种文艺作品中，对婆媳关系的描写也非常多，婆媳冲突是亘古不变的主题。实际上，只要婆媳双方注重相互之间的礼仪，关系还是能够融洽的。首先，媳妇要坦诚，对待婆婆要真诚；其次，少出怨言，多干实事，祸从口出，少议论是非；再次，知错认错，谁都有犯错的时候，尤其是晚辈，犯了错不要怕，敢于承认，知错能改就好；此外，孝敬公婆的事，儿媳多出面，给足公婆面子，让公婆感受到自己的真心和儿子的孝心。公公和媳妇的摩擦少，婆媳之间可以借鉴，互相少干涉，注意彼此身份，人际关系宽松，婆媳之间就没有冲突。最后，对待丧偶的公婆，儿媳妇要特别关爱他们感情的失落，要多加弥补。

（4）与婆媳关系相比，女婿与岳父母的关系比较容易相处。

女婿要在岳父母面前多夸妻子，夸妻子也是夸岳父母。对于女婿来说，贵嘴甜，忌多嘴；贵奉献，忌索取；对于岳父母来说，忌独宠爱闺女，忌过分参政，忌责怪女婿。

老年朋友在家庭礼仪中若能处理好夫妻之间、父母与子女之间、婆媳之间、女婿与岳父母之间方方面面的关系，就一定能拥有和谐、快乐、温馨的家庭氛围。

30. 中餐就餐礼仪

国人非常讲究就餐礼仪，下面就从座次、点菜、餐具、吃菜、喝酒 5 个方面介绍中餐的餐桌礼仪。

（1）座次：中国人的座次“尚左尊东”，讲究“面朝大门为尊”。若是圆桌，正对大门的为主客，以离主客的距离来看，主客左右手边的位置越靠近主客位置越尊，相同距离则左侧尊于右侧。若为八仙桌，正对大门一侧的右位为主客；如果不正对大门，则面东的一侧右席为首席。主人应该提前到达，在靠门位置等待，并为来宾引座。被邀请者应听从东道主安排入座。

（2）点菜：如果时间允许，应该等大多数客人到齐之后，将菜单供客人传阅，并请他们来点菜。当然，为了控制预算，需要在饭前做些功课，选择合适的请客地点比较重要，客人也容易领会这一预算。一般来说，如果是您来买单，客人不太好意思点菜，大都会让您来作主。如果您是赴宴者，您应该知道，不该在点菜时太过主动，而是要让主人来点菜；如果对方盛情要求，您可以点一个不太贵、又不是大家忌口的菜。点菜之前记得征询一下桌上人的意见，特别是问一问“有没有哪些是不吃的”或是“比较喜欢吃什么”，让大家感觉都被照顾到了。点菜后，可以再问一问“我点了菜，不知道是否合几位的口味”或“要不要再来点其他的什么”等。

点菜有三个规则。一看人员组成。一般来说，人均一菜是比较通用的规则。如果男士较多，可适当加量。二看菜肴组合。一般来说，一桌菜最好是有荤有素、有冷有热，尽量做到全面。如果男士较多，可多点些荤食；如果女士较多，则可多点几道清淡的蔬菜。三看宴请的重要程度。若是普通的宴请，平均一道菜在50 ~ 80元可以接受。如果宴请的对象是比较关键的人物，则要点上几个够份量的菜，如龙虾、刀鱼、鲥鱼等，再要上提一点规格，则是鲍鱼等名菜。点菜前了解该餐馆菜式及分量也很关键。

（3）餐具：筷子是中餐最主要的餐具。使用筷子，必须成双使用。用筷子取菜、用餐的时候，要注意下面几个问题。①不论筷子上是否残留食物，都不要去舔。用舔过的筷子去夹菜，是不礼貌的。②与人交谈时，要暂时放下筷子。不能一边说话，一边像指挥棒似地舞着筷子。③不要把筷子竖插在食物上面。这种插法只有在祭奠死者的时候才用。④规范筷子的职能。筷子只是用来夹取食物的，用来剔牙、挠痒或是用来夹取食物之外的东西都是失礼的。

勺子的主要作用是舀取菜肴等食物。用筷子取食时，也可以用勺子来辅助。尽量不要单用勺子去取菜。用勺子取食物时，不要过满，免得溢出来弄脏餐桌或自己的衣服。在舀取食物后，可以在原处“暂停”片刻，等到汤汁不会再往下流时，再移回来享用。暂时不用勺子时，应放在自己的碟子上，不要把它直接放在餐桌上，或是让它在食物中“立正”。用勺子取食物后，要立即食用或放在自己的碟子里，不要再把它倒回原处。如果取用的食物太烫，不可用勺子舀来舀去，也不要用嘴对着吹，可以先放到自己的碗里，等凉了再吃。不要把勺子塞到嘴里，或者反复吮吸、舔食。

盘子在餐桌上一般要保持原位，而且不要堆放在一起。稍小点的盘子就是碟子，主要用来盛放食物，在使用方面和碗略同。需要着重介绍的，是一种用途比较特殊的食碟。食碟主要是用来暂放从公用的菜盘里取来享用的菜肴的。用食碟时，一次不要取放过多的菜肴，看起来混乱不堪。不要把多种菜肴堆放在一起，弄不好它们会相互“窜味”，不好看，也不好吃。不吃的残渣、骨、刺不要吐在地上、桌上，而应轻轻放在食碟前端，放的时候不能直接从嘴里吐在食碟上，要用筷子夹放到碟子旁边。如果食碟放满了，可以让服务员更换。

水杯主要用来盛放清水、汽水、果汁、可乐等软饮料。不要用它来盛酒，也不要倒扣水杯。另外，喝进嘴里的东西不能再吐回水杯。

在中餐用餐前，比较讲究的话，会为每位用餐者上一块湿毛巾，它只能用来擦手。擦手后应该放回盘子里，由服务员拿走。有时，在正式宴会结束前，会再上一块湿毛巾，它只能用来擦嘴，却不能擦脸、抹汗。

上龙虾、鸡、水果时，有时会送上一只小水盂，其中漂着柠檬片或玫瑰花瓣，它是洗手用的。洗手时，可两手轮流放入浸湿手指，轻轻洗净，然后用小毛巾擦干。

尽量不要当众剔牙。非剔不行时，要用另一只手掩住口部。剔出来的东西，不要当众观察或再次入口，也不要随手乱弹、随口乱吐。剔牙后，不要长时间叼着牙签，更不要再用来扎取食物。

（4）吃菜：就餐时不要反复劝菜，可向客人介绍这道菜的特点，吃不吃由客人决定。有人喜欢劝菜，甚至为对方夹菜，这其实并不礼貌。入席后，不要立即动手取食，而应待主人举杯示意开始时，客人才能开始，不能抢在主人前面。夹菜要文明，应等菜肴转到自己面前时再动筷子，不要抢在邻座前面。一次夹菜不宜过多，要细嚼慢咽，这不仅有利于消化，也是餐桌礼仪要求。不能大块往嘴里塞、狼吞虎咽，这样会给人留下贪婪的印象。不要挑食，不要只盯住自己喜欢的菜吃，或者急忙把喜欢的菜堆在自己的盘子里。

用餐的动作要文雅，夹菜时不要碰到邻座，不要把盘里的菜拨到桌上，不要把汤泼翻。不要发出不必要的声音，如喝汤时“咕噜咕噜”、吃菜时嘴里“叭叭”作响，这都是粗俗的表现。不要一边吃东西，一边和人聊天。嘴里的骨头和鱼刺不要吐在桌子上，可用餐巾掩口，用筷子取出来放在碟子里。掉在桌子上的菜，不要再吃。进餐过程中不要玩弄碗筷，或用筷子指向别人。不要用手在嘴里乱抠。不要让餐具发出任何声响。用餐结束后，可以用餐巾、餐巾纸或服务员送来的小毛巾擦嘴，但不宜擦头颈或胸。餐后不要不加控制地打饱嗝。在主人还没示意结束时，客人不能先离席。

（5）喝酒：“酒越喝越浓。”酒桌上有很多学问，以下总结一些在酒桌上需要注意的细节。长辈或领导相互喝完才轮到自己敬酒。敬酒一定要站起来，双手举杯。可以多人敬一人，决不可一人敬多人，除非你是长辈或领导。自己敬别人，如果不碰杯，自己喝多少可视情况而定，但不可比对方喝得少；如果碰杯，说一句“我喝完，您随意”方显大度。右手端起酒杯，左手垫起杯底，记着自己的杯子永远低于别人。自己如果是长辈或领导，则不要放太低，不然小辈或下属不好办。如果没有特殊人物在场，碰酒最好按时针顺序，不要厚此薄彼。碰杯、敬酒，最好能够有说辞。

31. 西餐就餐礼仪

西餐与中餐有极大的区别。如果进入一家西餐厅，不懂吃西餐的礼仪，别人会认为这是一个没有礼貌的人。吃西餐时有哪些需要注意的礼仪呢？

（1）座次安排：西餐一般使用方桌，主人在客人出席宴会之前就已经安排好席次。席次的安排有以下 3 种。

英式坐法（最常用）：男女主人分坐在长方桌的两端，男女主宾分别坐在女主人和男主人的右手边，其他客人应男女相隔。在西方人眼里，宴会是结交朋友的最好方法之一，所以，应当避免让熟人坐在一起。入座时，男士应帮女士入座，即轻轻拉开右手边的椅子，在女士坐下的一瞬间再将椅子轻轻推回。

法式坐法：男女主人坐在餐桌的正中，其他人员坐餐桌两端。

口形餐桌：“口”字形餐桌适用于客人众多的宴会，此时，男女主人坐在餐桌的正中，其他方面同英式坐法。

（2）餐巾使用：当主人把餐巾拿起来后，客人才可以把面前的餐巾打开，平放在大腿上。如果餐巾过大，可将其对折，折口朝外放置。餐巾可用于在交谈前擦去嘴上的油渍。女士在吃饭之前可先用餐巾轻拭嘴唇，以免将口红沾在餐具上。但注意不应用餐巾擦脸、擦手等。如果在用餐中要暂时离席，应当把餐巾放在椅子上，表示未吃完；宴会结束时，应把餐巾大致对折后放在餐桌上。

（3）餐具使用：西餐最常用的餐具就是刀和叉。英式用法是保持左手持叉、右手持刀，切一块吃一块；美式用法是将食物全部切好后，将刀放在碟子上，将左手的叉换到右手再叉东西吃。无论使用哪种方法，都要注意以下几点。①切食物时，要把食物叉稳，不要让食物飞出去。②切食物时，应把双肘紧贴身体，并切忌发出声音。③切好后，一次只应叉一块，并将其全部送入嘴中。④如果暂时不用刀叉，应将刀叉摆成八字形，刀刃向里，叉齿朝下。用完餐后，应将刀叉并列摆在餐盘的一角，刀刃向里，叉齿朝上。注意不要把刀叉摆成十字形。

（4）西餐的菜序：西餐的菜序为面包和黄油、汤、鱼、肉、沙拉、甜品、咖啡或茶。吃不同的菜要使用不同的餐具。所以，餐桌上会摆放多副刀叉，分别放在餐盘的左右两边。餐盘的最右边放着喝汤用的勺子，勺子的左边是吃鱼用的刀，鱼刀的左边是肉刀，餐盘正前方摆放着甜品叉和甜品，餐盘的左斜前方放着面包碟和面包刀。使用原则是由外向内地使用。西餐具体每道菜的食用方法如下。

1）面包：将面包盘内的面包用手撕成小块，抹上黄油，整块放入口中。

2）汤：身子坐直，头微低，右手持汤勺，由内向外地舀汤喝。若汤所剩无几，可用左手微托起汤盘，使其外倾，再用汤勺舀。喝汤时切忌发出声音。

3）鱼：首先将鱼头切下，然后用鱼刀沿着鱼背割下鱼肉，将剩下的鱼骨放入专门盛放鱼骨的碟子里，再把鱼肉切成小块食用；若是去掉鱼骨的鱼块，可以直接用刀切成小块食用。如果鱼肉太腥，可挤上柠檬汁后再吃。

4）肉：西餐的肉菜往往是牛排。吃牛排时，应从左往右食用。若吃带骨头的肉，可以用手拿起来啃。

5）沙拉：沙拉一般直接用吃肉的餐叉食用。只有遇到一口吃不下的食物才用刀切后食用。

6）甜品：西餐的甜食一般有饼干、蛋糕、三明治、奶酪、布丁、通心粉、冰淇淋等。吃饼干、蛋糕或三明治时，应用右手持之，一口一口咬着吃；吃奶酪时，应用刀切成小片后，用手拿着吃；吃布丁或冰淇淋时，应用叉或勺舀着吃；吃通心粉时，一般用右手持叉，在左手所持汤勺的帮助下，把通心粉缠绕在餐叉上送入口中。

7）咖啡或红茶：用完餐后，往往会送上一杯咖啡或红茶，客人可根据自己的喜好加入牛奶和糖，再用小勺轻轻搅拌，搅拌之后，把小勺放在杯碟上。再用右手握杯把饮用。

（5）配酒：在西餐中，酒是主角，菜是配角，菜要配合酒来选择。西餐宴会中的酒水一共分为以下 3 种。

1）餐前酒：通常是具有强烈辣味的酒，如鸡尾酒、香槟酒、苏格兰威士忌、雪利酒等。

2）佐餐酒：指在正式用餐时饮用的酒，一般为葡萄酒。西餐在配酒方面的原则是“白酒配白肉，红酒配红肉”：吃白肉（海鲜、鸡肉等）用白葡萄酒搭配，吃红肉（牛肉、羊肉等）用红葡萄酒搭配。如果鱼的味道过浓时，就应该用红酒搭配。

3）餐后酒：通常选用白兰地或香槟酒等。

特别提醒

西餐礼仪精髓：吃西餐时，主张“一口”主义，即每一口不能吃太多，更不能嘴里一部分、嘴外一部分。要闭嘴咀嚼，不能边吃边说话。吃西餐时，每一道菜都要食用一点，如果有不喜欢吃的，也要少取一点，或者稍稍表示谢意。如果某种食物距离较远，可请别人帮忙传递，切不可站起来伸胳膊去取。

32. 做客与待客的礼仪

礼多人不怪，我们国家是礼仪之邦，做客与待客必须讲究礼仪。

做客礼仪

1）学会预约：当好客人的第一步是学会预约，在拜访他人之前要告知别人，让其做好待客准备。突然到访大部分时候给主人的感觉并非惊喜，带来的是没有准备的惊慌。

2）学会准时：迟到是没有礼貌的表现，尤其是作为被邀请的一方。准时的含义是恰恰在约定时间走入主人家中，不宜早也不宜晚。太早地到达，对主人也会有影响，最合适的方式只有准时。若非主人邀请到家里，切忌不要在吃饭时间拜访，那只会造成尴尬。

3）带上礼物：这是基本礼貌。空手而至的客人在成熟的人眼中就是不懂事。礼不在重，有情义即可。哪怕只是带一点水果，也会展示出客人的心意。选择什么样的礼物好呢？最好准备一些有意义的礼物，优先给长辈准备，而不是优先给孩子准备。到了主人家中，如果有老人在家里，可以问候：“老人家，今天很开心到贵府做客，这是我们的一点心意。”

4）赠人物品必谦必敬：馈赠给人礼物时，要态度恭敬，不能傲慢，这是对朋友的最大尊重和敬意。馈赠时要量力而行，尽自己的能力选择礼物，只要包装得体、讲究适度，也就合乎礼仪。中国人是不能当面拆礼物、当面评价，这并不礼貌。而在西方，结婚甚至可以直接开出礼物清单，大家照单送礼物，而且会当面拆开、表示出惊喜，这是西方的习俗。受赠先略谦辞，之后接受并称谢，逾日需往拜，推而不辞，这是中国人委婉表达的方式。千万别硬把礼物推掉，以免得罪送礼物的人。“长者赐，不敢辞”，长辈馈赠的礼物，应该欣然接受，并且表示感恩。

5）学会打扮自己：长指甲、乱头发都是做客的大忌，千万别觉得不拘小节是种风格，在任何时候以蓬头垢面、乱七八糟的形象出现的人都不会受欢迎，这种太过随意的外表，其实也会让主人难过。在喜欢的人面前打扮自己，应该是现代人类的基本礼貌。学会热情招呼，作为客人最重要的基本守则是表现自己的极大热情，这份热情从进门后就体现在积极和在座的人打招呼。再次强调，这不是客套，而是最为基本的礼貌。

6）克制欲望：客人的屁股不能老黏在板凳上。例如，主人为自己端茶、敬酒时，别忘记起身道谢，果品、菜品也记得请在场的长者先用。做客时随心所欲是大忌，这里的欲望不仅是指食欲，也包括胡乱的好奇心。“共食不饱”，虽然听起来太刻意，可仔细回想一下，那些在做客时胡吃海塞的人哪一位不在背后招到嘲笑？诙谐的古人总结出做客“四不”，即不马食、不牛饮、不虎咽、不鲸吞。

7）控制时间：临时性拜访应控制在 15 分钟，一般不要超过 2 小时。拜访时注意创造一个轻松的氛围。去别人家里做客，要做到“客随主便”，不要过于随意，也不要过于拘谨，不失礼节，自然为宜。

8）专心与主人谈话：请别玩手机，认真地与主人交谈。左顾右盼的眼神，乱翻东西的行为，应该通通禁止。

9）学会道别：没有不会结束的宴席，在发现主人心不在焉、长吁短叹、时不时看表时，学会在对话沉默间隙道别。说完再见后请果断离开，说走又不走的客人让主人最伤脑筋。

待客礼仪

1）待客顺序：在家庭中，一般是男主人负责迎来送往，女主人陪同客人。待客时要准备足量的接待品，如小食品、水果等。如有老人或孩子来访，应准备适合他们的食物。在接待中非常重要的一环就是用餐，要给客人安排合适的座次。排座位，有“五为上”的说法。①面门为上：正对门的座位为上座。②以右为上：中国传统是以左为上，但在国际礼仪中以右为上。③居中为上：一般家庭用餐长辈坐中间。④前排为上：多排座位时前排为上座。⑤以远为上：适用于圆桌吃饭，离门最远为上座。

2）在招待客人时，一定要制造轻松、愉快的谈话氛围。可以谈谈近况，尽量多谈自己，报喜不报忧。多谈近来发生的事情，未必所有人都会对过去的事情感兴趣。如果对方不主动提及伴侣和孩子的事情，最好不要多去询问，以免造成不便提及的尴尬。多谈一些轻松愉快的话题，如风景名胜、烹饪小吃、旅游见闻等。

小贴士

无论做客还是待客，无论是客人还是主人，都要遵守各自的礼节，通过互相拜访增进彼此之间的友谊。希望老年朋友交更多的益友，丰富自己的晚年生活。

33. 参加婚宴的礼仪

很多老年朋友会被邀请参加婚宴。参加婚宴需要特别注意哪些礼仪呢？

婚宴前

出席婚宴要提前半小时到达，不要匆匆忙忙地赶到，这样很没礼貌。如果有事会迟到或早退，要事先通知对方。迟到时不要自行进入会场，最好让招待人员领入。若要早退，最好等来宾都致完辞后再走。离开时不需要再跟新郎、新娘打招呼，但要跟坐同桌的两侧人打招呼。

在接待柜前，先向新人的亲戚道贺，报上大名，并感谢他们的招待。递上礼袋，正面朝上递给对方，顺便说出自己的祝福。在签名簿上签名。如果夫妻一起出席，要先写先生的名字，再写太太的名字。

婚宴中

先从入场仪式说起。大多数新娘都是由父亲陪伴，缓缓走向新郎。新娘身着精致的婚纱，父亲一般穿西装，一定不要穿得过于随意。

婚宴酒席要分清主次顺序。例如，新人的双方父母一定要在主桌位就坐，亲戚、父母的同事和朋友在次桌位就坐，与新人同辈的朋友、同学和同事则在剩余的桌位就坐。在婚礼上比较重要的一个环节就是新人互相拜见双方父母，并向他们敬茶，改口叫对方父母“爸妈”，这叫“改口茶”。婚礼敬茶，不仅是对双方父母的尊敬，还是对父母的感恩，感谢他们养育了值得自己终身依靠的人。一般由新郎先呈第一杯茶，向岳父敬茶改口，再敬岳母改口，然后新娘敬茶，和新郎一样依次进行。敬茶时有很多细节需要格外注意，比如，不能单手敬茶，不能将手指搭在杯口或浸入其中，倒茶不能过满，以七分满为佳，等等。有的新人习惯使用“你”和长辈说话，这时也要及时更正为敬语“您”。

敬完茶，就该收改口红包，这个红包象征了双方父母的美好祝愿。新郎和新娘都有份，数目上没有特别要求，重要的是一份心意。双方父母最好提前商量，红包数目保持一致或相差不多。

在婚宴流程中，一般都会设置上台致词环节，第一对致感谢词的人就是新郎和新娘，内容大概是感谢双方父母的养育之恩、感谢对方的包容理解等，然后亲自下台请双方父母或双方单位领导或双方亲友代表依次发言。这时上台的人突然面对这么多宾客，会有点紧张，难免出现忘词情况或一时兴起越讲越多结不了尾耽误了婚礼进行时间，就会很尴尬。所以，还是建议提前准备好发言稿，上台的时候会从容淡定。喜宴开始后至敬酒前这段时间是致词时间，要安静聆听致词，不可喧闹。致词结束时要记得鼓掌致谢。

婚宴中可以边听边看边用餐，但要记住鼓掌时一定要放下餐具。如果同桌有人上台演讲，尽量不要用餐，要专心聆听。

在婚宴上会在席间敬酒，向新郎、新娘表示祝福。敬酒时间不宜超过 3 分钟。向新人致意时，话语中可以表达关怀、幽默风趣、率真感人。新郎、新娘挨桌敬酒时，有些客人可能自觉和他们的关系较近，或为表示对新人的关心，常会拉着新郎或新娘说很长时间的话，这是一种不礼貌的做法。首先，来参加婚礼的都是新郎、新娘的亲朋好友，不能这样分出亲疏远近；其次，新郎、新娘要应酬的是全场的客人，不能在一个客人那里花太多时间，冷落其他人；最后，新郎、新娘挨桌敬酒主要是为表达对来宾的谢意，让大家分享自己的甜蜜幸福。如果想和新郎、新娘多聊些，还是以后再找时间为好。

婚宴退场可以不打招呼

参加婚礼如果有事可以提前退场，不必专门和新人打招呼。因为婚礼上来宾比较多，不可能一一照顾，来宾出席了婚礼，送到了自己的祝福，也见证了婚礼就可以了。婚礼是不说结束的，在通常情况下以新娘娘家客人退席为标志，其他宾客也就可以退场了。这时，宾客不用一一与新郎、新娘打招呼，因为他们要应酬的人依然会很多。

小贴士

参加婚宴穿戴整齐是对主人最基本的尊重。男宾客的服装很简单，多为西装、衬衫和领带。女士的要求就比较复杂：如果只参加酒席，那么套装、连衣裙就可以；如果参加很正式的婚礼，最好穿比较隆重的衣裙。

34. 饮茶的礼仪

喝茶具有解毒、保健功效，人们越来越懂得用茶来养护身体、调理身体。下面来谈一谈饮茶中需要注意的礼仪。

俗语说“众口难调”，饮茶其实也是如此。在以茶待客时，若有可能，应尽可能照顾来宾，尤其是主宾的偏好。如有可能的话，应多备几种茶叶，使客人可以有几种选择。在上茶之前，应先询问一下客人喜欢用哪一种茶，并为其提供几种可能的选择。当然，若只有一种茶叶，就实事求是地说清楚。

一般认为饮茶不宜过浓，否则极可能使饮用者“醉茶”，即：因摄入过量的咖啡因而令神经过分兴奋，甚至惊厥、抽搐。若客人没有特殊要求，准备的茶水不应过浓。民间以茶待客通常讲究要上热茶，而且还有“茶满欺人”“七茶八酒”之说，是指斟茶不可过满，以七分满为佳，这样，热茶便不会从杯中溢出以免烫伤。

以茶待客时，由何人为来宾奉茶，往往涉及对来宾的重视程度。在家中待客时，通常可由家中的晚辈奉茶。接待重要的客人时，则应由女主人甚至由主人亲自奉茶。

若来访的客人较多，上茶的先后顺序一定要慎重对待，切不可肆意而为。合乎礼仪的做法应当是：先为客人上茶，后为主人上茶；先为主宾上茶，后为次宾上茶；先为女士上茶，后为男士上茶；先为长辈上茶，后为晚辈上茶。如果来宾很多，且其彼此之间差别不大，可采取下列 4 种顺序上茶：以上茶者为起点，由近而远依次上茶；以进入客厅之门为起点，按顺时针方向依次上茶；在上茶时以客人的先来后到为序；上茶时不讲究顺序，或是由饮用者自己取用。

以茶待客时，一般应当事先将茶彻好，倒入茶杯，然后放在茶盘之内端入客厅。如果来宾较多时，务必要多备上几杯。在上茶时，应当借此机会，向客人表达自己的谦恭与敬意。标准的上茶步骤如下：双手端着茶盘进入客厅，首先将茶盘放在临近客人的茶几或备用桌上，然后，右手拿着茶杯的杯托，左手附在杯托附近，从客人的左后侧双手将茶杯递上去。茶杯放置到位之后，杯耳应朝向外侧。若使用无杯托的茶杯上茶时，亦应双手捧上茶杯。从客人左后侧为之上茶，意在不妨碍其工作或交谈的思绪。万一条件不允许时，至少也要从其右侧上茶，尽量不要从其正前方上茶。有时为了提醒客人注意，可在为之上茶的同时，轻声告之：“请您用茶。”若对方向自己道谢，不要忘记回答“不客气”。如果自己的上茶打扰了客人，应对其道一声“对不起”。为客人敬茶时，一定要注意尽量不用一只手上茶，尤其是不要只用左手上茶。同时，双手奉茶时，切勿将手指搭在茶杯杯口，或是将其浸入茶水。在放置茶杯时，将茶杯放在客人右手附近，是最适当的做法。

为客人端上头一杯茶时，通常不宜斟得过满，更不要溢出杯外。得体的做法是应当斟到杯深的2/3处，不然会有厌客或逐客之嫌。主人若真心诚意地以茶待客，最适当的做法就是要为客人勤斟茶、勤续水。一般来讲，客人喝过几口茶后，即应续上，绝不可以让其杯中茶叶见底，这种做法的寓意是“茶水不尽，慢慢饮来，慢慢叙”。

中国人待客有“上茶不过三杯”之说：第一杯叫敬客茶，第二杯叫续水茶，第三杯则叫送客茶。如果一再劝人用茶而无话可讲，往往意味着提醒来宾“应该打道回府”。有鉴于此，在以茶招待较为守旧的老年人或海外华人时，切勿再三为之斟茶。

在为客人续水斟茶时，仍以不妨碍对方为佳。如有可能，最好不要在其面前进行操作。如果非得如此不可，应一手拿起茶杯，远离客人的身体、座位，另一只手将水续入。在续水时不要续得过满，也不要让自己的手指、茶壶嘴或者水瓶口弄脏茶杯。如有可能，应在续水时在茶壶嘴或水瓶的口部附上一块洁净的毛巾，以防止茶水“泛滥”。

特别提醒

喝茶是一种心情，品茶是一种心境，真我时刻，手执香茗，心素如简，人淡如菊。愿老年朋友喝好茶，交好友，健康快乐伴一生。

35. 喝咖啡的礼仪

咖啡从西方传入中国已经有很长时间。喝咖啡，喝的是心情，也是文化。在正式社交场合喝咖啡，一定要注意礼仪。

喝咖啡有 4 个步骤。①闻香：体味咖啡那扑鼻而来的原香。②观色：咖啡呈现的是深棕色，而不是一片漆黑、深不见底。③品尝：先喝一口咖啡，感受一下原味咖啡的滋味。咖啡入口不要急于一口咽下，应含在口中，让咖啡的香气自鼻腔呼出，然后慢慢咽下。④以个人喜好加入适量的糖，并用小勺搅拌。趁着搅拌的咖啡起了漩涡，缓缓地加入牛奶，让牛奶的油脂浮在咖啡上，既能保持咖啡的热度，也可蒸发奶香，享受到多层的口感。

饮用咖啡的最佳温度是 80℃左右，最好趁热品尝。为了不使咖啡的味道降低，可以先预热咖啡杯。咖啡在冲泡的瞬时温度为 83℃，倒入杯中为 80℃，在口中的温度以 60 ~ 62℃最理想。

一般来说，趁热品尝主人端上来的咖啡，把一杯咖啡在 10 分钟内饮完也是喝咖啡的基本礼貌。若是一杯品质优良的咖啡，放凉后除了香味会减少以外，味道应该和热的时候一致，甚至更佳。喝纯咖啡是不破坏口味的喝法，在咖啡里添加糖和牛奶，是为了使咖啡中的苦味中和，口感更好。咖啡杯中一般倒七八分满，份量适中的咖啡可以满足喜欢加奶、加糖的客人，以免加入奶和糖后杯子太满。

盛放咖啡杯的碟子是特制的，应该放在饮用者的正面或右侧，杯耳指向右方。可以用右手拿着咖啡杯的杯耳，左手轻轻地托着咖啡碟，慢慢地移向嘴边轻啜，不宜握住杯子，大口吞咽。喝咖啡时不要发出声响。添加咖啡时，不要把杯子从碟子上拿下来。

拿咖啡杯的正确方法是用拇指和食指捏住杯把儿，再将杯子端起。咖啡勺是用来搅拌咖啡的，饮用咖啡时应该取出，不要用咖啡勺舀着咖啡一勺一勺地喝，更不要拿勺子去捣碎咖啡中的方糖。给咖啡加糖时，可以用咖啡勺取糖放入杯中，也可以用糖夹把糖夹入碟子的旁侧，再用咖啡勺把糖放入杯中。如果用糖夹直接把糖放入杯中，难免会溅脏衣服和台布。喝咖啡时可以配一些点心，但不要一手拿咖啡、一手拿点心，或喝一口咖啡、吃一口

特别提醒

咖啡中含有咖啡因，饮后能使人振奋精神、消除疲劳、提高脑的活动能力，并能增进食欲、促进消化等。但老年人如饮咖啡不当，可对身体健康产生不利影响。让我们懂些咖啡礼仪，优雅地享受生活。希望老年朋友的生活犹如咖啡般醇香浓郁。

点心，正确的做法是喝咖啡时放下点心，吃点心时放下咖啡杯。刚煮好的咖啡非常烫，可以用咖啡勺慢慢小幅搅拌，也可以等它慢慢自然冷却，但不要用嘴吹，这是很不文雅的动作。

36. 交友礼仪

生活在这个社会就需要与人交往，与人沟通。尤其是老年朋友在退休之后拥有很多时间，也可以交更多的朋友来丰富自己的晚年生活。那么，老年朋友在交友的时候需要注意哪些礼仪呢？

初次见面的问候方式通常是握手。主动要求与对方握手是表示尊重与友好，但要视具体环境、对象、气氛而定，并非每个人都主动伸手。男女之间，男方要等女方先伸出手后再握手。如果女方不伸手，男方就只能点头或鞠躬致意。如果男性是女性父辈的年龄，男性先伸手是适宜的。宾主之间，主人应向客人先伸手以示欢迎。离别时，应由客人先伸手表示再见。主人先伸手，等于催客人离开。长幼之间，年幼的要等年长者先伸出手；上下级之间，下级要等上级先伸出手。平辈相见先伸手者有礼、主动。

如果需要和多人握手，握手时要讲究先后次序，由尊而卑，即先年长者后年幼者，先长辈再晚辈，先老师后学生，先女士后男士，先已婚者后未婚者，先上级后下级。多人相见时，注意不要交叉握手，也就是当两人握手时，第三者不要把胳膊从上面架过去，急着和另外的人握手。在任何情况下拒绝对方主动要求握手的举动都是无礼的。

握手要紧，表示诚意或感激之情，但不要握痛对方的手，也不可抓住对方的手使劲摇动。漫不经心的握手缺乏应有的热情和力度，不仅对别人是轻蔑、失礼，也表现出自己缺乏教养。与长者握手时要稍弯腰，和一般人握手时虽不必弯腰，但也不要腰板笔挺、昂首挺胸，给人造成无礼、傲慢的印象。握手时面部要露出真诚的笑容，以友善的眼光看着对方。千万不能一面握手，一面斜视他处、东张西望或和他人说话。握手时站在离对方有一胳膊远的位置。握手需用右手，伸出左手与人握手是不礼貌的。如果手中正在干活，对方主动伸出手时，可以一面点头致意，一面摊开双手表示歉意，取得对方谅解。如果正在干活的人一时疏忽，伸出脏手相握，也应热情相握，不可当着对方的面擦拭自己的手。

在人际交往中，尽量不要过多问及私人问题。老年人在交友时，有 3 个“不要问及”。一是不要问及家庭。有些老年人丧偶或者离异，不希望别人过多关注自己的私人生活。二是不要问及子女。老年人不要把子女的成就过分地突出，在谈及子女时应轻描淡写、一笔带过，不要过分炫耀，否则会让其他子女不如您子女的老年朋友尴尬。尤其会让一些子女不在身边或者由于其他原因子女已经不在世的老年人伤感。三是不要问及健康。老年人到了一定年纪，身体多少都有些问题，绝大多数老年人不希望别人知道自己的病症，尤其是一些重病的老年人。所以，在谈及健康时不要一直刨根问底地询问病情，做到礼貌周到的询问就好，遇到别人不想提及，便不要继续追问。

如果友人邀请到家中做客拜访，要遵守相邀礼仪。事前要电话联系，电话中自报家门，询问是否在家，是否有时间，何时有时间，提出登门拜访的要求，使对方有所准备。在对方同意的情况下，定下拜访的具体时间和地点。注意要避开吃饭和休息时间，特别是午睡的时间，最后向对方表示感谢。

在拜访中要做到守时守约。敲门也是艺术。要用食指敲门，力度适中，间隔有序地敲三下，等待回音。如无应声，可稍加力度，再敲三下；如有应声，侧身立于右门框一侧，待门开时再向前迈半步，与主人相对。进门后主人不让座，不能随便坐下。如果主人是年长者或上级，主人不坐，自己不能先坐。主人让座之后，要口称“谢谢”，然后采用规矩的礼仪坐姿坐下。主人递上茶，要双手接过并表示谢意。主人献上果品，要等年长者或其他客人动手后，自己再取用。即使在最熟悉的朋友家里，也不要过于随便；跟主人谈话，语言要客气；谈话时间不宜过长。起身告辞时，要向主人表示“打扰”之歉意。出门后，回身主动伸手与主人握别，并说“请留步”。待主人留步后，走几步再回首挥手致意“再见”。

人与人之间的交流有一些禁忌。例如，不要在背后议论别人。这样做不仅会伤害朋友间的情谊，甚至会反目成仇，同时也反映出低下的品格。所以要做到：不干涉别人的隐私，不传播小道消息，对别人的过失不要幸灾乐祸。

不要开过分的玩笑。开玩笑是常有的事，但要适度。对性格开朗、大度的人，稍多一点玩笑可以使气氛更加活跃；对拘谨的人，少开甚至不开玩笑。异性之间特别是男性对于女性，开玩笑一定要适当。

不要拿别人的姓名开玩笑或是乱起、乱叫绰号。开玩笑一定要在保持对方尊严的基础上；在悲哀、不幸的气氛中，或在别人正专心致志的场合，或在庄重的集会、重大的社会活动中，一定不能开玩笑。

不要言而无信。失去了别人的信任，就失去了最大的资本。

不要恶语伤人。当对方脾气一触即发时，要临时回避，使对方找不到发泄对象，并逐步消火。回避并不等于“妥协”，而是给对方冷静思考的机会，同时也证明自身的修养。及时沟通，才能消除矛盾。最好是在事情发生之前或产生苗头之后，双方坐下来冷静地交流，消除双方的误解或矛盾。

不要随便发怒。发怒时容易伤及自己的肝脾，易发怒的人平均寿命明显低于正常的人，也更容易衰老。遇事要冷静，学会“换位”思考。

特别提醒

老年人的晚年生活离不开朋友。交友时真诚尊重，注意礼节，待人真心真意。知心的友人能缓解心中的苦闷，分享心中的喜悦，希望老年朋友都能交好友、交挚友。

37. 邻里相处礼仪

远亲不如近邻，在家庭间的各种交往中，交往最频繁的就是邻居。尤其是现在，许多老年人都是空巢老人，子女在外地或者在国外，邻居变成离自己最近的人，可见处理好和邻居之间的关系多么重要。

邻居交往之间最重要的就是：在自己说话、办事一举一动之前，首先要考虑别人，最低限度是要做到不妨碍别人，从思想上要重视与邻居和睦相处、友好往来。不论生活在哪里，总是离不开邻里相处，邻里相处一般时间较长，所以必须做到和睦相处。

邻里之间免不了你来他往，这就需要以礼相待、以礼相交、相互关照、相互谦让、和善相处。

家有小孩的家庭，尤其是住在高层时要特别注意。小孩活泼好动，喜欢又蹦又跳，不会意识到发出的声响会给楼下造成多大的影响。作为邻居，必须有意识地提前“防范”，避免给左邻右舍造成不必要的干扰，尤其是楼下住有老年人的家庭。在家中可以选择轻便软底的室内拖鞋；在地上铺上泡沫或者地毯，避免孩子在蹦跳或者玩玩具时弄出巨大的声响；如果孩子想拍皮球、玩乒乓球，应该带他们到室外去玩；平时多教育孩子养成在家轻拿轻放、轻声走路的好习惯。

如果应邀去串门，要选择适当的时间。如果约好具体时间，当然最好；如果没约具体时间，就要避开人家的吃饭时间和休息时间。如果是周六或周日，上午 10 点之前最好不要打扰。进门前有门铃的要按门铃，没有门铃的要轻声叩门，即使门已经打开，也要按门铃或敲门，这样做的目的是告诉对方，让对方有个心理准备。冒冒失失地闯进去，会很失礼。如果是带着孩子做客，一定要教育好孩子不要在别人家里调皮，乱翻乱动别人东西。

如果是第一次做客，主人没坐，就不要先坐。如果家里有老人，要主动和老人打招呼。主人端茶、拿糖果招待的时候，一定要表达感谢。如果主人有看表、打哈欠等谢客表示，或者快到吃饭时间，客人就要起身告别。如果是请邻居吃饭，就要提前准备，而不要到了吃饭时间再匆匆去做准备。

遇到特殊情况需要临时占用楼道空间放些物品，必须先和相关楼层的邻居做好沟通。首先，要说明原因以及占用时间，得到他们的谅解，也可以在物品旁贴一张“安民告示”说明情况。其次，要注意不要放不许在楼道空间放置的物品，如易碎、易燃、易腐蚀、易腐烂和气味难闻的物品，体积太大影响上下楼的物品也不要放。最后，绝对不要长时间占用楼道公共空间，这不符合邻里礼仪规范，也不利于防火防盗。

如果家中养宠物，要注意两个细节问题。一要注意卫生。一些宠物时常随地大小便，主人要带上塑料袋或者旧报纸，将宠物的排泄物包好扔到垃圾箱，保持公共场所的卫生和美观。二要注意安全。出门遛狗时要给狗拴上绳索，不要任其乱叫、追逐扑咬。遇到老人和小孩，要特别小心，别让他们受到惊吓。离家外出时要招呼一声，请邻居帮忙照看一下家庭，回来时可以买点纪念品作为礼物送上。

自觉爱护公共环境，自觉参与社区公共活动，为维护一个好的生活环境尽一份力。要相互帮助和讲信用。邻里之间能够办到的事情尽量帮忙。别人有了困难，应该积极主动地去帮一把，不可幸灾乐祸，在一旁看笑话。邻里之间还要讲信用，做不到的事情千万不要夸下海口，以免误了别人的大事。借邻居的东西一定要及时归还，如果因为一时疏忽而延误了归还时间，应当面表示歉意。

要考虑自己的兴趣爱好、生活习惯会不会给别人带来困扰。例如，是否把洗衣服的水或不干净的水泼在邻里公用的路面上；是否有走路、说话声音很大的习惯等。这些看起来并不起眼的小事情，最容易伤了邻居之间的和气。

学会礼让与宽容。对待邻居要以礼相待，平易近人，不要视若路人。见面后要主动打招呼，平时对邻里不要苛求，谈得来的就多往来，谈不来的就保持距离就好。对于邻居不合理的要求和习惯，采取有理、有节的态度，合理、妥善地解决。

特别提醒

和邻居处理好关系，要互相尊重，为人大度。邻里关系虽然比不上与家人、亲戚的血缘关系，但也因共同居住于一个地域，彼此容易产生友情。好的邻里关系对家庭影响很大，会带来安定、和谐的生存空间和环境。

38. 公共场合礼仪

公共场合是指人群经常聚集、供公众使用或服务于人民大众的活动场所，是人们生活不可缺少的组成部分。下面介绍一下在一些公共场合需要遵守的基本社交礼仪。

做一名文明的观（听）众

影剧院是高雅的文化场所，人们把到影剧院看电影、看戏剧、听音乐视为一种高雅的艺术享受。因此，要求观众的仪态举止应当与其氛围相协调。观看电影或观看演出时，应衣着整洁，夏天不能穿背心、拖鞋入场。应尽量提前或准时入场。在入口处主动出示票证，请工作人员检验，进场后对号入座。若到达较迟，其他观众已坐好，自己的座位在里面，这时应有礼貌地请别人给自己让道。从别人面前经过时，应面向让道者一边道谢，一边侧着身体朝前走，而不要背对着人家走过去。从礼仪的角度出发，去剧场观看演出，迟到者应自觉站在剧场后面，只能在幕间入场或等到台上表演告一段落时赶紧悄然入座。

在剧院观看演出时，场内应保持安静，要有礼貌地适时鼓掌，以表达对演员、指挥者等的尊敬、钦佩和谢意。在剧院看演出时，不宜中途退场。如果临时有急事或确实不喜欢看，应在幕间休息或一个节目结束时离场。观看演出应善始善终。演出结束时，不要匆忙离场，应等演员谢幕或主宾在主人陪同下登台向演员致谢后，再秩序井然地离场。诸如中国戏曲或杂技、魔术等表演，中途每当演唱或者动作特别精彩时，观看者可以为之鼓掌或者喝彩，但不可以吹口哨、跺脚、怪叫等。在全部演出结束时，观看者应全场起立，向演员报以热烈的掌声，而不宜刚结束就匆匆离去，或者与之相反，一窝蜂地拥到台前围观演员，凡此皆很失礼。

观看各种展览时，必须注意以下几点。尽量保持安静，不但要忌高声交谈，走路时也应放轻脚步。如有讲解员进行讲解，应耐心倾听；有疑问或感兴趣的问题，可有礼貌地向讲解员提出，并对解答表示感谢。此外，这种提问不宜过多，也不宜就某一问题做长时间的追根问底，以免影响整体观看的秩序与进程。在展览会上，如果某些展品规定不准触摸、拍照或录像，应自觉遵守这些规定。有时展览区分为出展区与非展区，当非展区明确标明“谢绝入内”时不可进入。有些展览还会不时给观看者派发相关资料，观看者应有序领取，不应一哄而上。如果领来后发觉没有多大意义或价值，也不应随便乱扔在展厅里，而应带出展厅再作处理。

图书馆、阅览室

图书馆、阅览室是公共的学习场所，要注意整洁、遵守规则。不能穿汗衫和拖鞋入内。就座时不要为别人预占位置。翻查目录卡片时，要注意不乱翻乱拣，也不要将卡片箱或卡片抽屉乱丢乱放，弄得一片狼藉。查阅目录卡片时，不可把卡片翻乱或撕坏或用笔在卡片上涂抹划线。要保持安静和卫生，走动时脚步要轻，不要高声谈话，不要吃会发出声音或带有果壳的食物。不要与朋友等窃窃私语，也不要在室内走来走去，或者吸烟、吃零食、做一些打闹的事情，更不能在室内高声喧哗，或者接听手机（在阅览过程中，应事先将手机关闭或调为振动或静音状态）。要爱护馆内财物，特别是书籍及报刊，不能在上面乱涂乱画，更不能因为特别喜欢其中某些部分而将之撕扯下来，可以在征得管理人员同意的情况下复印。翻阅开架书籍，应注意保持原有的顺序号，以免弄乱以后别人很难查阅。凡借阅外借书籍，一定要注意按时归还；如要延阅，必须及时办理续借手续。

在商场购物

要讲文明礼貌。尊重营业员，态度谦和，不用命令的口吻盛气凌人地“喂、喂”乱叫。如果营业员正在为别的顾客进行服务，应耐心等待，不要急切地催逼对方，如乱叫或者用手、其他物件乱拍、乱敲柜台、橱窗等，这样做是不礼貌的。选购商品最好事先考虑好再定。此外，还需尽量小心谨慎，尤其是选购易损、易污的商品时更应如此。万一不慎弄损商品，第一应该表示歉意，第二应该主动进行赔偿或者将之买下，千万不要强词狡辩甚至大吵大闹。如果营业员在服务时发生差错，如拿错商品或找错零钱，应给予谅解，同时耐心指出，给予善意的提醒。如果营业员拒不接受并且确系发生差错，也不应当面呵斥甚至与之争吵，而应将情况反映给商场有关负责人，以求妥善解决。如果已有人在排队购物，那么不应插队而应自觉地排队，也不宜委托前面的熟人代为购买，那样其实是变相的插队。如果确有急事要办、时间紧张，可向营业员及其他顾客讲明情况，在征得他们的同意后，方可提前购买。购物完毕离开柜台时，应向营业员表示谢意。尤其是当对方帮助自己解决了某些特别的困难时，更应如此。除口头致谢外，还可在留言簿上留言致谢。

在医院看病

无论是挂号还是候诊，均应遵守秩序、依次排队。在候诊时，要保持安静和环境整洁，如不要高声谈话、随地吐痰、乱丢各种废弃物品等。听到医务人员叫到自己的就诊号时，应主动积极并有礼貌地予以应答，然后到指定的诊室就诊。如自己想选择医生，则应事先和医务人员讲明，然后由其作出适当安排。就诊时要尊重和信赖医生，特别对年轻医生不可表现出怀疑或不屑的神情。如果对医生的诊断有疑问或不太清楚之处，可以有礼貌地加以询问。此外，还应注意不要就自己的病情和医生谈论太长时间，那样会妨碍其他病人的正常就诊。不可因为自己略具医药常识，便强行要求医生按照自己的意愿开药或给予其他临床处理。如果觉得医生的临床处理不太合理或存在问题，也应尽量克制情绪，不要发火吵闹，应找院方有关负责人寻求适当解决。

39. 出国出境旅游观光要遵守哪些礼仪

在出国出境旅游观光时一定要注意形象，不为国家抹黑。以下是为老年朋友精心整理和挑选的出国旅游观光礼仪，希望能有所帮助。

出国前准备

1）了解旅游目的地：首要准备工作是简单了解旅游目的国家和地区的文化背景和习俗。如果能简单掌握几句旅游目的地基本的社交语言就更好，如能说“你好”“谢谢”“再见”等。

2）老年朋友出国出境前最好能做一下体检，清楚自己的身体状况。如果有高血压、心脏病等，请咨询医生是否能长途飞行，在旅行中需要注意什么，并佩戴好随身药物。若有慢性疾病、需要长期服用药物的老年朋友，出行前要问清楚服用的药物是否能携带出境，以及可携带的剂量。

3）寻找适合的旅行社：老年人出行尽量选择正规的旅行社，除非自助游能力很强、有较好的外语基础，不然还是建议选择跟团出行，遇到突发情况能有照应。

4）带齐证件和票据：护照、签证、身份证、信用卡、机船车票及文件等，是出国出境旅游的身份证明和凭据，必须随身携带、妥善保管。

5）合理规划行程：老年人出行要做到“量力而行”，要结合自身的身体状况，挑选合适的行程。欧美的旅游线路飞行时间一般都在 10 小时以上，落地后每个目的地之间的车程可能也会比较长，身体状况不是太好的老年朋友，要结合自己的实际情况作出判断。在旅行的过程中，行程也不要安排得太满、太劳累。一些刺激性项目如登山、跳伞、坐热气球等，建议不要参加。

6）买好保险：出行前一定要记得买好保险，万一出现各种突发状况，可以有一定的保障。例如，像行李丢失等风险不得不防，境外旅游保险大多对人身安全、行李物品有所保障。一般 75 周岁以上的老年人出行保额会减半，因此，可以选择购买相对高额的保险。

7）兑换外币：根据旅游目的地使用货币情况，可以提前去银行兑换。另外，我国海关规定每人出入境可携带不超过 2 万元的人民币或等值外币，超过限额则必须在出境前向海关申报。

8）准备好必备物品：老年人出游时要带好衣物。随身带些轻便、实用的衣物是十分明智的选择，最好穿舒适、柔软的运动鞋，需要的老年朋友可随身带上一根结实的拐杖，以备不时之需，确保行走安全。

乘坐飞机

在机场，尽量不要将自己的行李箱、大衣等放在座位上；不要让自己的物品拦住过道；不要让孩子乱跑和大声喧哗。

在飞机上放置行李要相互体谅，不要急于“占位”。飞机未完全停稳时，不要急着打开行李舱取出行李。坐在飞机座位上，要尊重他人的私人空间并保持“安全距离”。不要当众脱鞋，把腿乱伸、乱放。自己休息时，不要使身体触及他人，或是为了自己舒适而将座椅调得过低。尽量不大声说话。

无论是停车场服务人员、门童、提行李的服务人员，还是前台服务人员、收拾房间的保洁人员和送餐服务生，都要常常通过口头或者微笑向对方表示感激和赞赏。此外，尊重和遵守酒店的规定也是必要的，基本的原则是不打扰他人的休息。

用餐

入座后要保持身体端正，不能趴、靠餐桌，不跷腿，肢体动作尽量少，如有意无意地摆弄桌上的餐具。使用刀叉进餐时，左手持叉，右手拿刀；切东西时，左手用叉按住，右手用刀切割，然后用叉送入口中。不可用刀叉在手中乱舞。放下刀叉时应摆成

“八”字形，分别放在餐盘边上。进食时，不宜往口中放过多食物，咀嚼时不要发出声音。进餐过程中，不要当众脱衣或解开纽扣，避免高声谈笑。

在饮食方面，老年人应注意选择清淡的食物，但需注意每日补充适量的蛋白质，如鸡蛋不能吃过多。多吃点新鲜的蔬菜和水果，可以有效地预防便秘。注意平时要多喝水，夏季可间断地喝些含盐饮料，以此来补充体内丢失的水分和盐分。在异国他乡，切忌暴饮暴食。

给小费

欧美等西方国家有给服务人员额外小费的习惯。初到一地，应事先向有经验的人或向导了解有关情况，合理地给小费。给小费时有 5 个要点：尊重对方，这不是施舍；给小费时应悄悄给，不要太过张扬；把握给小费的时机，一般是享受服务结束时；“掌握按质付费”原则；区别不同国家、不同地区付小费的方式。

具体来说，以下情况是需要给服务人员小费的：第一类是酒店，包括泊车者、门童、行李员、送餐服务生、客房服务员等；第二类是餐厅，包括领位员、侍者、乐手、卫生间保洁员等；第三类是美容美发店，包括美容师、发型师；第四类是乘出租车，要给出租车司机小费；第五类是影剧院，包括衣帽厅侍者、节目单发放者、剧场领位员；第六类是观光景点，包括导游（领队）、驾驶员。

特别提醒

如果在国外遇到突发状况，不管是随身财物被偷窃，或是身体突发疾病，一定要第一时间与熟悉当地情况的导游、领队取得联系。为了更顺利地解决突发情况，导游和领队也要在第一时间将情况反馈给旅行社，方便各项后续工作的展开。

40. 乘车行路时要遵守哪些交通礼仪

老年人出门最常用的代步工具就是公交车、出租车、地铁和自驾出行。

乘坐公交车

司机后面三四排是较为安全的位置。建议老年朋友最好坐在公交车前部；尽量不要选择面朝过道方向的座椅，由于没有扶手，急刹车时很容易仆倒；尽量不要坐后排座，因为位置越靠后，颠簸感越明显，尾部颠簸得最厉害；尤其最后一排中间的位置，没有任何扶手，车子拐弯、急刹车时很容易发生意外。市区道路窄，人多车多，交通拥挤，在经过这些路段时，随时可能遇上急刹车或者加速，身体容易失去平衡，建议老年朋友在车上一定要坐稳，抓牢座位边缘或前面座椅把手。汽车颠簸时会把人从座位上颠起来，对老年人来说很危险，双手紧握把手可以减轻冲撞。

在公交车上站立时，双脚应该分开一些，两只脚一前一后可加大支撑面积。身体不要朝向车头或车尾，应侧身站立，且双手都要紧握把手，这样的站姿对刹车造成的前后冲力以及转弯时的左右冲力都能起到一定缓冲作用，以防摔倒、扭伤、磕伤。

在公交车站内候车，应提前将用于乘车的老年卡或交通卡拿出，做好乘车准备。没有赶上车，就不要追车。车门已关，就等下一趟。下车时不要提前起身，要等到车到站停稳后再站起来，随他人身后下车。身体有不便，可请年轻人帮助搀扶，并提前示意司机不要急于关门启动车辆。

早上七点到九点、下午四点半到六点半是高峰期，这个时间段乘坐公交车，可能由于车内人员过多上不了车，即使上了车，也很难有位置，容易被挤伤、摔伤，造成不必要的意外伤害。因此，老年朋友尽量避免在高峰期乘坐公交车。

高温、寒冷或者有大风、大雨等天气，最好不要出门。这种恶劣的天气，让老年人发生意外的风险上升。老年人行动迟缓，身体协调性差，乘公交车出行时容易与周围人群发生摩擦，加上老年人凡事爱较真，爱与人争执。因此老年人乘车时一定要保持良好心态，尽量避免与他人发生摩擦或因情绪激动而导致发生意外。

乘坐出租车

对司机要谦和有礼。当司机对道路有不同选择时，要耐心沟通。在行驶时，司机有接听电话等不规范操作时，注意语气，善意提醒，切不可发生口角。为了让司机专心开车，不可与司机长时间攀谈。腿脚不便的老年人上下车时要注意安全，可以先背对座椅坐下，待屁股坐稳后，再慢慢转身把腿脚收到车内。坐车时，一定要注意系上安全带。很多腿脚不便的老年人会使用轮椅或拐杖等辅助行走的工具，这些必须放在车后行李箱中，不要放在座舱内，以免在急刹车时会给车内乘车人员造成伤害。

乘坐地铁

地铁也是常用的交通工具。老年朋友乘搭手扶电梯时要站立扶好。等候地铁时站在警戒线以外，切忌越过黄色。上地铁时遵循先下后上、文明乘车。地铁会有老年人专座，遇到没有空位时，安静地站立等候，不可对已坐下的乘客大声指责，要求给自己让座。老年朋友在乘坐公交车、出租车或地铁时不妨随身携带一件衣物或薄毯，防止关节吹冷风而感到不适。

自驾出行

老年朋友也会自驾出行。选车要选操作相对简单的自动挡车，驾驶时可将注意力更多地集中到处理路面情况。不用频繁换挡、踩踏离合器，可以降低开车劳动强度，简单操作也可减轻老年人的心理压力，令驾驶更加自如。老年人驾车时间过长，很容易疲劳，而疲劳驾驶是大忌，建议老年人每次驾车不要超过 1 小时。同时，建议行驶距离控制在 200 千米以内，避免高峰时段出行，避免高速行驶，减少夜间行车。老年人驾车外出时，最好结伴而行，让亲人或朋友坐在旁边是一种保护，也可以互相照顾。

特别提醒

步行应该走人行道，不能在机动车或自行车的车道上行走。过马路时，应走地下通道、过街天桥或斑马线。要等到绿灯亮起时再过马路，尤其是老年朋友行动比较缓慢，千万不要抢红灯，看到通行的时间不够时，耐心等待下一个绿灯再通过。过马路时应自觉配合交通警察或交通协管员的指挥。如有突发事件、行动不便时，要及时联系交通警察或交通协管员。避免在只准机动车通行的高架桥上步行，不要在铁路轨道上行走，避免在车流中穿行。